Italien

Les 1000 mots les plus importants

Apprendre du nouveau vocabulaire
avec des phrases d'exemple
classés par thèmes
pour débutants (A1/A2)

Sommaire

Vocabulaire De Base

Salut
Ciao
Ciao, come stai?

Salut, comment vas-tu ?

Bonjour
Buongiorno
Buongiorno. Mi chiamo David.

Bonjour, je m'appelle David.

Au Revoir
Arrivederci
Arrivederci! È stato un piacere conoscerti.

Au revoir ! Enchanté d'avoir fait votre connaissance.

À Bientôt
Ciao
Ciao, ci vediamo domani.

À bientôt, à demain.

Excusez-Moi !
Mi scusi!
Mi scusi!

Excusez-moi !

Merci
grazie
Grazie per il tuo aiuto.

Merci pour votre aide.

S'Il Vous Plaît
per favore
Per favore, ecco il tuo caffè.

S'il vous plaît, voici votre café.

Oui
Si
Sì, mi piace ascoltare la musica.

Oui, j'aime écouter de la musique.

Non
No
No, non so ballare.

Non, je ne sais pas danser.

Combien
Quanto
Quanto costa?

Combien cela coûte-t-il ?

Comment

Come

Come si traduce questo?

Comment traduis-tu cela ?

Où

dove

Dov'è il negozio di alimentari più vicino?

Où se trouve l'épicerie la plus proche ?

Pourquoi

Perché

Perché sei in ritardo per una riunione?

Pourquoi es-tu en retard à une réunion ?

Quand

Quando

Quando vai in vacanza?

Quand as-tu des vacances ?

Que

che

Cosa vorresti mangiare per cena?

Qu'est-ce que tu aimerais manger pour le dîner ?

Quelle

quale

Quale colore scegli, rosso o blu?

Quelle couleur choisis-tu, rouge ou bleu ?

Qui

Chi

Chi è?

Qui est-ce ?

Minute

minuto

Un minuto è lungo 60 secondi.

Une minute dure 60 secondes.

Heur

ore

Un film dura due ore.

Un film dure deux heures.

Jour

giornata

Oggi è una bella giornata.

Aujourd'hui, c'est une belle journée.

Semaine

settimana

Vado in piscina ogni settimana.

Je vais à la piscine toutes les semaines.

Mois

mese

Questo mese è il mio compleanno.

Ce mois-ci, c'est mon anniversaire.

Année

anno

L'anno scorso sono stato in Francia.

L'année dernière, j'étais en France.

Hier

ieri

Ieri sono andato al cinema.

Hier, je suis allé au cinéma.

Aujourd'Hui

oggi

Oggi vado a fare la spesa.

Aujourd'hui, je vais faire des courses.

Demain

domani

Domani vado a lavorare.

Demain, je vais au travail.

Matin

mattina

Al mattino mi piace bere un caffè e leggere il giornale.

Le matin, j'aime boire un café et lire le journal.

Midi

mezzogiorno

Ci incontriamo in un caffè a mezzogiorno.

Je me retrouve dans un café à midi.

Après-Midi

pomeriggio

Nel pomeriggio vado a fare la spesa.

L'après-midi, je vais faire des courses.

Soir

sera

La sera mi piace guardare i film.

Le soir, j'aime regarder des films.

Nuit

notte

Di notte dormo sempre con la finestra aperta.

La nuit, je dors toujours la fenêtre ouverte.

Minuit
mezzanotte

A mezzanotte tutti festeggiano il nuovo anno.

À minuit, tout le monde a fêté la nouvelle année.

Lundi
Lunedì

Lunedì inizio una nuova settimana lavorativa.

Lundi, je commence une nouvelle semaine de travail.

Mardi
Martedì

Martedì mi vedo con gli amici.

Le mardi, je rencontre des amis.

Mercredi
Mercoledì

Mercoledì ho un colloquio di lavoro.

Mercredi, j'ai un entretien d'embauche.

Jeudi
Giovedì

Giovedì vado al cinema.

Le jeudi, je vais au cinéma.

Vendredi
Venerdì

Il venerdì andiamo sempre a cena al ristorante.

Le vendredi, nous allons toujours au restaurant pour le dîner.

Samedi
Sabato

Il sabato ho il giorno libero.

Le samedi, je suis en congé.

Dimanche
Domenica

La domenica è un giorno di riposo.

Le dimanche est un jour de repos.

Janvier
Gennaio

A gennaio fa freddo e nevica.

En janvier, il fait froid et il neige.

Février

Febbraio

A febbraio sono andato a sciare.

En février, je suis allé faire du ski.

Mars

Marzo

Marzo è il primo mese di primavera.

Mars est le premier mois du printemps.

Avril

Aprile

Ad aprile i fiori sbocciano.

En avril, les fleurs sont en train d'éclore.

Mai

Maggio

Maggio è il mio mese preferito per il clima caldo.

Le mois de mai est mon mois préféré parce qu'il fait chaud.

Juin

Giugno

A giugno vado in vacanza.

En juin, je pars en vacances.

Juillet

Luglio

A luglio vado al mare.

En juillet, je vais au bord de la mer.

Août

Agosto

Agosto è il periodo delle vacanze estive.

En août, c'est la période des vacances d'été.

Septembre

Settembre

A settembre inizio un nuovo anno scolastico.

En septembre, je commence une nouvelle année scolaire.

Octobre

Ottobre

Ottobre è il mese in cui le foglie degli alberi cambiano colore.

Octobre est le mois où les feuilles des arbres changent de couleur.

Novembre

Novembre

A novembre piove spesso.

Il pleut souvent en novembre.

Décembre

Dicembre

Dicembre è l'ultimo mese dell'anno.

Décembre est le dernier mois de l'année.

Le Printemps

Primavera

In primavera i fiori iniziano a sbocciare.

Au printemps, les fleurs commencent à fleurir.

L'Été

Estate

L'estate è calda.

L'été est chaud.

L'Automne

Autunno

In autunno cadono le foglie dagli alberi.

En automne, les feuilles tombent des arbres.

L'Hiver

Inverno

L'inverno è freddo e spesso nevica.

L'hiver est froid, et il neige souvent.

Le Nord

Nord

A nord dell'Europa fa freddo.

Dans le nord de l'Europe, il fait froid.

Le Sud

Sud

Nel sud dell'Europa ci sono bellissime spiagge.

Dans le sud de l'Europe, il y a de belles plages.

L'Est

Est

È possibile attraversare il confine orientale del paese dopo alcune ore di viaggio.

Vous pouvez traverser la frontière est du pays après quelques heures de voyage.

L'Ouest

Ovest

Una tempesta sulla costa occidentale ha causato danni significativi.

Une tempête sur la côte ouest a causé d'importants dégâts.

Je ne suis jamais allé en Chine.

Toujours
Sempre

Vado sempre a correre ogni mattina.

Je cours toujours le matin.

Tout Le Monde
Tutti

Ogni studente deve superare questo esame.

Chaque étudiant doit réussir cet examen.

Souvent
Spesso

Spesso mi incontro con gli amici.

Je me rencontre souvent avec des amis.

Beaucoup
Molti

Molte persone sono venute al concerto.

Beaucoup de personnes sont venues au concert.

Parfois
A Volte

A volte vado al cinema.

Parfois, je vais au cinéma.

Certains
Alcuni

Alcuni non capiscono questo.

Certains ne comprennent pas cela.

Rarement
Raramente

Raramente vado a concerti.

Je vais rarement à des concerts.

Personne
Nessuno

Nessuno ama essere criticato.

Personne n'aime être critiqué.

Jamais
Mai

Non sono mai stato in Cina.

Partout
Ovunque

Ovunque io sia, apprezzo la bellezza della natura.

Partout où je suis, j'apprécie la beauté de la nature.

Nulle Part

Da Nessuna Parte

Non riesco a trovare le chiavi dell'auto da nessuna parte.

Je ne peux nulle part trouver les clés de la voiture.

Couleurs

Noir

Nero

Lei indossa abiti neri.

Elle porte des vêtements noirs.

Gris

Grigio

Un abito grigio è perfetto per occasioni formali.

Un costume gris est parfait pour les occasions formelles.

Marron

Marrone

La panchina è marrone.

Le banc est marron.

Violet

Viola

Il mio quaderno è viola.

Mon cahier est violet.

Bleu

Blu

Il cielo è blu.

Le ciel est bleu.

Vert

Verde

Il prato è verde.

La pelouse est verte.

Rouge

Rosso

Le mele sono rosse.

Les pommes sont rouges.

Orange

Arancione

Le arance sono arancioni.

Les oranges sont orange.

Jaune

Giallo

Il sole è giallo.

Le soleil est jaune.

Blanc

Bianco

D'inverno ovunque è bianco.

Tout est blanc en hiver.

Temps

Le Passé
Passato

Il passato plasmacchi chi siamo.

Le passé façonne qui nous sommes.

Le Présent
Presente

Questo è il tempo presente.

C'est le temps présent.

L'Avenir
Futuro

Quali sono i tuoi piani per il futuro?

Quels sont vos projets pour l'avenir ?

Pays Et Continents

Afrique
Africa

L'Africa è conosciuta per i suoi animali esotici.

L'Afrique est connue pour ses animaux exotiques.

Amérique Du Nord
America Del Nord

L'America del Nord vanta molti straordinari parchi nazionali.

L'Amérique du Nord compte de nombreux parcs nationaux impressionnants.

Amérique Du Sud
America Del Sud

L'America del Sud è famosa per le sue bellissime spiagge, giungle e cultura latinoamericana.

L'Amérique du Sud est célèbre pour ses belles plages, ses jungles et sa culture latino-américaine.

Asie
Asia

L'Asia è il continente più grande del mondo.

L'Asie est le plus grand continent du monde.

Australie
Australia

L'Australia è famosa per i canguri.

L'Australie est connue pour les kangourous.

Europe
Europa

L'Europa ha una lunga storia.

L'Europe a une longue histoire.

Allemagne
Germania

In Germania si parla tedesco.

En Allemagne, on parle allemand.

Argentine
Argentina

L'Argentina è famosa per il tango.

L'Argentine est connue pour le tango.

Belgique
Belgio

Il Belgio è famoso per il cioccolato.

La Belgique est célèbre pour le chocolat.

Brésil
Brasile

Il Brasile è un paese di carnevale, spiagge di Copacabana e calcio.

Le Brésil est un pays de carnaval, de plages de Copacabana et de football.

Canada
Canada

Toronto è la città più grande del Canada.

Toronto est la plus grande ville du Canada.

Chine
Cina

In Cina si parla cinese.

En Chine, on parle chinois.

Corée
Corea

In Corea si parla coreano.

En Corée, on parle coréen.

Danemark
Danimarca

In Danimarca si parla danese.

Au Danemark, on parle danois.

Espagne
Spagna

In Spagna si parla spagnolo.

En Espagne, on parle espagnol.

États-Unis
Stati Uniti
In Negli Stati Uniti si parla inglese.

Aux États-Unis, on parle anglais.

Finlande
Finlandia
In Finlandia si parla finlandese.

En Finlande, on parle finnois.

France
Francia
In Francia si parla francese.

En France, on parle français.

Inde
India
L'India è un paese con una cucina aromatica.

L'Inde est un pays à la cuisine aromatique.

Italie
Italia
In Italia si parla italiano.

En Italie, on parle italien.

Japon

Giappone
In Giappone si parla giapponese.

Au Japon, on parle japonais.

Mexique
Messico
In Messico si mangiano i tacos.

Au Mexique, on mange des tacos.

Norvège
Norvegia
In Norvegia si parla norvegese.

En Norvège, on parle norvégien.

Pays-Bas
Paesi Bassi
Nei Paesi Bassi si parla olandese.

Aux Pays-Bas, on parle néerlandais.

Pologne
Polonia
In Polonia si parla polacco.

En Pologne, on parle polonais.

Portugal
Portogallo
In Portogallo si parla portoghese.

Au Portugal, on parle portugais.

Roumanie

Romania

In Romania si parla rumeno.

En Roumanie, on parle roumain.

Royaume-Uni

Regno Unito

Nel Regno Unito si beve il tè.

Au Royaume-Uni, on boit du thé.

Russie

Russia

In Russia si parla russo.

En Russie, on parle russe.

Suède

Svezia

In Svezia si parla svedese.

En Suède, on parle suédois.

Ukraine

Ucraina

In Ucraina si parla ucraino.

En Ukraine, on parle ukrainien.

Les Adjectifs Les Plus Importants

Gauche

Sinistra

Gira a sinistra!

Tournez à gauche !

Droite

Destra

I bagni si trovano a destra dell'ingresso.

Les toilettes se trouvent à droite de l'entrée.

Bon

Buono

È stato ben preparato.

C'était bien préparé.

Mauvais

Cattivo

È stato male fatto.

C'était mal fait.

Beau

Bello

È così bello qui!

C'est tellement beau ici !

Moche
Brutto
È stato dipinto male.

C'était mal peint.

Grand
Grande
Ho molto lavoro da fare prima del fine settimana.

J'ai beaucoup de travail à faire avant le week-end.

Petit
Piccolo
Poca gente ha partecipato alla riunione.

Peu de personnes ont assisté à la réunion.

Bon Marché
Economico
Ho comprato questa macchina davvero a buon mercato.

J'ai acheté cette voiture vraiment bon marché.

Cher
Costoso
Questo orologio era davvero costoso.

Cette montre était vraiment chère.

Facile
Facile
È facile imparare una nuova lingua se si ha motivazione.

Il est facile d'apprendre une nouvelle langue si vous avez de la motivation.

Difficile
Difficile
L'esame era difficile.

L'examen était difficile.

Intéressant
Interessante
La conferenza è stata interessante.

La conférence était intéressante.

Ennuyeux
Noioso
Mi annoio quando sono da solo.

Je m'ennuie quand je suis seul.

Chaud

Caldo

Fa caldo in estate.

Il fait chaud en été.

Froid

Freddo

Fa freddo in inverno.

Il fait froid en hiver.

Calme

Silenzioso

L'appartamento si trova in un quartiere silenzioso.

L'appartement est situé dans un quartier calme.

Bruyant

Rumoroso

Il concerto è stato molto rumoroso ed emozionante.

Le concert était très bruyant et excitant.

Heureux

Felice

I bambini erano felici al parco.

Les enfants étaient heureux au parc.

Triste

Triste

Oggi è molto triste.

Il est très triste aujourd'hui.

Agréable

Piacevole

Una passeggiata al parco è molto piacevole.

Une promenade au parc est très agréable.

Désagréable

Sgradevole

I giorni di pioggia possono essere sgradevoli.

Les jours de pluie peuvent être désagréables.

Rapide

Veloce

La macchina stava andando veloce sull'autostrada.

La voiture roulait rapidement sur l'autoroute.

Lent

Lento
La lumaca è molto lenta.

L'escargot est très lent.

Intelligent
Intelligente
È considerato un uomo intelligente.

Il est considéré comme un homme intelligent.

Bête
Stupido
È stato un errore stupido.

C'était une erreur bête.

Lumineux
Luminoso
Preferisco dipingere la stanza di un colore luminoso.

Je préfère peindre la pièce d'une couleur lumineuse.

Sombre
Scuro
Era buio di notte.

Il faisait sombre la nuit.

Tôt
Presto
Domani devo alzarmi presto.

Je dois me lever tôt demain.

Tard
Tardi
In genere, vado a dormire abbastanza tardi.

En général, je me couche assez tard.

Peu Profond
Superficiale
La piscina era superficiale.

La piscine était peu profonde.

Profond
Profondo
Il fiume è profondo.

La rivière est profonde.

Court
Corto
I pantaloncini sono troppo corti per l'inverno.

Le short est trop court pour l'hiver.

Long

Lungo

È stata una lunga giornata.

C'était une longue journée.

Attrayant

Attraente

Il prezzo mi sembra attraente.

Le prix me semble attrayant.

Dégoûtant

Ripugnante

Questo cibo è ripugnante. Non lo mangerò.

Ce plat est dégoûtant. Je ne le mangerai pas.

Tranchant

Affilato

Attenzione! Il coltello è affilato.

Attention ! Le couteau est tranchant.

Émoussé

Spuntato

Questa matita è spuntata. Non posso scriverci.

Ce crayon est émoussé. Je ne peux pas écrire avec.

Dur

Duro

Questo materasso è troppo duro per dormire.

Ce matelas est trop dur pour dormir.

Mou

Morbido

Il cuscino è morbido e piacevole al tatto.

L'oreiller est mou et agréable au toucher.

Large

Largo

Questa è una strada molto larga.

C'est une rue très large.

Étroit

Stretto

Questo corridoio è molto stretto.

Ce couloir est très étroit.

Fort

Forte

È molto forte e può sollevare oggetti pesanti.

Il est très fort et peut soulever des objets lourds.

Faible

Debole

Quell'era un argomento debole.

C'était un argument faible.

Jeune

Giovane

Questo artista ha iniziato la sua carriera da giovane.

Cet artiste a commencé sa carrière jeune.

Vieux

Vecchio

Il nostro cane è ormai vecchio e ha diciassette anni.

Notre chien est maintenant vieux et a dix-sept ans.

Bas

Basso

Lei è alta 150 centimetri ed è bassa.

Elle mesure 150 centimètres de hauteur et est basse.

Haut

Alto

Lui è alto 190 centimetri.

Il mesure 190 centimètres de hauteur et est grand.

Riche

Ricco

È un uomo ricco.

Il est un homme riche.

Pauvre

Povero

L'organizzazione di beneficenza aiuta le persone povere.

L'organisation caritative aide les personnes pauvres.

Mince

Snello

Lei è sempre snella e mangia in modo sano.

Elle est toujours mince et mange sainement.

Gros

Grasso

È grasso e vuole dimagrire.

Il est gros et veut perdre du poids.

Affamé

Affamato

Dopo una giornata di lavoro, ho molta fame e mangerò qualcosa.

Après une journée de travail, j'ai très faim et je vais manger quelque chose.

Assoiffé

Assetato

Dopo l'allenamento, ho sempre sete e bevo molta acqua.

Après l'entraînement, j'ai toujours soif et je bois beaucoup d'eau.

Célèbre

Famoso

Questo attore è molto famoso e ha vinto molti premi per le sue interpretazioni.

Cet acteur est très célèbre et a remporté de nombreux prix pour ses rôles.

Complexe

Complesso

Questo problema matematico è troppo complesso per essere risolto rapidamente.

Ce problème mathématique est trop complexe pour être résolu rapidement.

Connu

Noto

Questo scrittore è noto.

Cet écrivain est connu.

Déprimé

Depresso

Si sentiva depresso dopo il divorzio.

Il se sentait déprimé après le divorce.

Déterminé

Determinato

È determinato a avere successo.

Il est déterminé à réussir.

Différent

Diverso

Ognuno ha interessi diversi.

Chacun a des intérêts différents.

Économe

Economico

È economico e non spende molti soldi.

Il est économe et ne dépense pas beaucoup d'argent.

Efficace

Efficiente

La nostra azienda si impegna a essere più efficiente nella produzione.

Notre entreprise s'efforce d'être plus efficace dans sa production.

En Bonne Santé

In Salute

Fa molto esercizio ed è in salute.

Il fait beaucoup d'exercice et est en bonne santé.

Étrange

Strano

È stato un commento strano.

C'était un commentaire étrange.

Étranger

Straniero

Si tratta di un investimento straniero.

Il s'agit d'un investissement étranger.

Fiable

Affidabile

Quest'auto è affidabile.

Cette voiture est fiable.

Fier

Orgoglioso

Siamo orgogliosi dei nostri successi.

Nous sommes fiers de nos réalisations.

Historique

Storico

Questo museo espone molte opere storiche.

Ce musée expose de nombreuses œuvres historiques.

Illimité

Illimitato

Ciò offre possibilità illimitate.

Cela offre des possibilités illimitées.

Immédiat

Immediato

Avevamo bisogno di aiuto immediato.

Nous avions besoin d'une aide immédiate.

Important

Significativo

Questo studio ha avuto un impatto significativo sulla nostra comprensione del problema.

Cette étude a eu un impact important sur notre compréhension du problème.

Indépendant

Indipendente

I giovani vogliono essere indipendenti dai loro genitori.

Les jeunes veulent être indépendants de leurs parents.

International

Internazionale

Esperti di diversi paesi hanno partecipato al congresso internazionale.

Des experts de différents pays ont participé au congrès international.

Malade

Malato

È malato e ha bisogno di riposo.

Il est malade et a besoin de repos.

Moderne

Moderno

Questo è un edificio molto moderno.

C'est un bâtiment très moderne.

Moyen

Medio

Lo stipendio medio nazionale è di tremila euro.

Le salaire moyen national est de trois mille euros.

Mystérieux

Misterioso

Non parla molto ed è misterioso.

Il ne parle pas beaucoup et est mystérieux.

Nombreux

Numerose

C'erano numerose fan al concerto della band.

Il y avait de nombreux fans au concert du groupe.

Paresseux

Pigro

È troppo pigro per cercare un lavoro.

Il est trop paresseux pour trouver un travail.

Patient

Paziente

L'insegnante è molto paziente e aiuta sempre gli studenti a capire la materia.

L'enseignant est très patient et aide toujours les élèves à comprendre la matière.

Plat

Piatto

Il tavolo è piatto.

La table est plate.

Plein

Pieno

Volevo salire sul treno, ma era pieno.

Je voulais monter dans le train, mais il était plein.

Poli

Educato

Il cameriere è stato molto educato e ci ha servito bene.

Le serveur était très poli et nous a bien servi.

Prêt

Disposto

Sono disposto ad aiutarti.

Je suis prêt à vous aider.

Prochain

Prossimo

Il nostro incontro è pianificato per la prossima settimana.

Notre réunion est prévue pour la semaine prochaine.

Propre

Pulito

Dopo la pulizia, la mia stanza è ora pulita e in ordine.

Après le nettoyage, ma chambre est maintenant propre et bien rangée.

Responsable

Responsabile

Il responsabile del progetto è responsabile dei risultati del team.

Le chef de projet est responsable des résultats de l'équipe.

Sale

Sporco

Questo appartamento era sporco.

Cet appartement était sale.

Scientifique

Scientifico

È stato un progetto scientifico.

C'était un projet scientifique.

Sérieux

Serio

Si tratta di un argomento serio che richiede una riflessione approfondita.

Il s'agit d'un sujet sérieux qui nécessite une réflexion approfondie.

Serviable

Disponibile

È disponibile in ogni situazione.

Il est serviable dans toutes les situations.

Simple

Semplice

Questa ricetta per la torta è semplice da preparare.

Cette recette de gâteau est simple à préparer.

Soudain

Improvviso

Un improvviso attacco di panico può essere molto spaventoso.

Une crise de panique soudaine peut être très effrayante.

Spécial

Speciale

Questo giorno è speciale perché è il nostro anniversario di matrimonio.

Cette journée est spéciale car c'est notre anniversaire de mariage.

Stratégique

Strategico

La nostra azienda sta sviluppando un nuovo piano strategico per i futuro.

Notre entreprise élabore un nouveau plan stratégique pour l'avenir.

Suffisant

Sufficiente

Questa spiegazione non è sufficiente.

Cette explication n'est pas suffisante.

Supplémentaire

Aggiuntivo

Abbiamo bisogno di risorse aggiuntive per completare questo progetto.

Nous avons besoin de ressources supplémentaires pour achever ce projet.

Timide

Timido

Mio fratello è molto timido ed evita le riunioni sociali.

Mon frère est très timide et évite les réunions sociales.

Urgent

Urgente

Abbiamo bisogno di una soluzione urgente per questo problema.

Nous avons besoin d'une solution urgente à ce problème.

Vide

Vuoto

Dopo le mie vacanze, sono tornato a casa e il mio portafoglio era vuoto.

Après mes vacances, je suis rentré à la maison, et mon portefeuille était vide.

Volontaire

Volontario

Questo progetto è volontario. Non devi partecipare.

Ce projet est volontaire. Vous n'êtes pas obligé d'y participer.

Connecteurs De Phrase

Et

E

Ci piace fare passeggiate e parlare della vita.

Nous aimons nous promener et discuter de la vie.

Mais

Ma

È intelligente, ma impaziente.

Il est intelligent, mais impatient.

Ou

O

Per il pranzo, possiamo andare al ristorante o preparare qualcosa a casa.

Pour le déjeuner, nous pouvons aller au restaurant ou préparer quelque chose à la maison.

Parce Que

Perché

Non ho potuto partecipare alla riunione perché ero malato.

Je n'ai pas pu assister à la réunion parce que j'étais malade.

Apprendre Une Langue

Accent

Accento

Parla con un accento del sud.

Il parle avec un accent du sud.

Adjectif

Aggettivo

Gli aggettivi descrivono oggetti.

Les adjectifs décrivent des objets.

Cours De Langue

Corso Di Lingua

Mi sono iscritto a un corso di lingua.

Je me suis inscrit à un cours de langue.

Dictionnaire

Dizionario

Cerca nel dizionario!

Cherche-le dans le dictionnaire !

Épeler

Sillabare

Puoi sillabare quella parola?

Peux-tu épeler ce mot ?

Exemple

Esempio

Dammi un esempio!

Donne-moi un exemple !

Grammaire

Grammatica

La grammatica è difficile da imparare.

La grammaire est difficile apprendre.

Lettre

Lettera

"A" è la prima lettera dell'alfabeto

"A" est la première lettre de l'alphabet.

Mot/Phrase
Parola/Espressione
Questa parola si scrive con lettera maiuscola.

Ce mot s'écrit avec une lettre majuscule.

Ne Pas Comprendre
Non Capire
Non capisco quello che hai detto.

Je ne comprends pas ce que tu as dit.

Nom
Sostantivo
Un sostantivo è una parte del discorso.

Un nom est une partie du discours.

Parler Couramment
Parlare Fluentemente
Parli fluentemente il giapponese?

Parles-tu couramment le japonais ?

Phrase
Frase
Una frase termina con un punto.

Une phrase se termine par un point.

Prononciation

Pronuncia
La pronuncia in inglese è difficile.

La prononciation en anglais est difficile.

Question
Domanda
Vuoi fare una domanda?

Veux-tu poser une question ?

Répéter
Ripetere
Puoi ripetere?

Peux-tu répéter cela ?

Signification
Significato
Qual è il significato di questa parola?

Quelle est la signification de ce mot ?

Syllabe
Sillaba
Questa parola ha tre sillabe.

Ce mot a trois syllabes.

Verbe
Verbo

I verbi esprimono azioni.

Les verbes expriment des actions.

Vocabulaire

Vocabolario

Nell'apprendimento delle lingue, il vocabolario è cruciale.

Dans l'apprentissage des langues, le vocabulaire est crucial.

Nombres

Zéro

Zero

Due meno due fa zero.

Deux moins deux font zéro.

Un

Uno

Un chilo di mele è sufficiente per una charlotte.

Un kilo de pommes suffit pour une charlotte.

Deux

Due

C'erano due pezzi di formaggio nel frigorifero.

Il y avait deux morceaux de fromage dans le réfrigérateur.

Trois

Tre

Tre cani stavano giocando nel parco.

Trois chiens jouaient dans le parc.

Quatre

Quattro

Quattro anni fa abbiamo comprato quest'auto.

Il y a quatre ans, nous avons acheté cette voiture.

Cinq

Cinque

Abbiamo colpito la palla cinque volte nel canestro.

Nous avons frappé cinq fois le ballon dans le panier de basket.

Six

Sei

Sei studenti hanno partecipato a una gara.

Six élèves ont participé à un concours.

Sept

Sette

Sette libri erano sullo scaffale.

Sept livres se trouvaient sur l'étagère.

Huit
Otto

Otto persone si sono divertite alla festa.

Huit personnes ont apprécié la fête.

Neuf
Nove

C'erano nove fiori nel cortile.

Il y avait neuf fleurs dans la cour.

Dix
Dieci

L'orologio segnava le otto e dieci minuti.

L'horloge indique huit heures dix.

Onze
Undici

Le undici di sera sono già tardi per alcuni.

Onze heures du soir, c'est déjà tard pour certains.

Douze
Dodici

Dodici mesi dell'anno sono un ciclo completo del calendario.

Douze mois de l'année, c'est un cycle calendaire complet.

Treize
Tredici

Nella gelateria erano disponibili tredici gusti diversi di gelato.

Treize parfums de glace différents étaient disponibles chez le glacier.

Quatorze
Quattordici

Quattordici giorni di vacanza sono stati concessi per riposare.

Quatorze jours de vacances permettaient de se reposer.

Quinze
Quindici

Sul tavolo c'erano quindici libri.

Quinze livres se trouvaient sur la table.

Seize
Sedici

Sedici studenti erano iscritti.

Seize élèves étaient inscrits.

Dix-Sept

Diciassette

Diciassette anni fa ho conosciuto il mio migliore amico.

Il y a dix-sept ans, j'ai rencontré mon meilleur ami.

Dix-Huit

Diciotto

Nel nostro team ci sono diciotto persone.

Il y a dix-huit personnes dans notre équipe.

Dix-Neuf Dix-Neuf

Diciannove Diciannove

Diciannove hanno completato un corso online.

Dix-neuf ont suivi un cours en ligne.

Vingt

Venti

Lei ha vent'anni.

Elle a vingt ans.

Trente

Trenta

Gli studenti del corso di lingua sono trenta.

Il y a trente étudiants dans le cours de langue.

Quarante

Quaranta

Abbiamo camminato per quaranta minuti.

Nous sommes arrivés à quarante minutes de marche.

Cinquante

Cinquanta

Cinquanta persone hanno partecipato alla maratona.

Cinquante personnes ont participe au marathon.

Soixante

Sessanta

L'età della pensione è d sessant'anni.

L'âge de la retraite est de soixante ans.

Soixante-Dix

Settanta

Settanta persone sono state licenziate.

Soixante-dix personnes ont éte licenciées.

Quatre-Vingts

Ottanta

L'80% degli intervistati ha risposto "sì".

Quatre-vingts pour cent des personnes interrogées ont répondu "oui".

Quatre-Vingt-Dix
Novanta

Novanta studenti erano iscritti alla lezione.

Quatre-vingt-dix étudiants étaient inscrits au cours magistral.

Cent
Cento

Ha ricevuto un bonus di cento euro.

Il a bénéficié d'une prime de cent euros.

Deux Cents
Duecento

C'erano duecento passeggeri sull'aereo.

Il y avait deux cents passagers dans l'avion.

Trois Cents
Trecento

Nel negozio c'erano trecento prodotti tra cui scegliere.

Il y avait trois cents produits à choisir dans le magasin.

Quatre Cent
Quattrocento

Questo libro ha quattrocento pagine.

Ce livre a quatre cents pages.

Cinq Cents
Cinquecento

L'autista ha percorso cinquecento chilometri.

Le chauffeur a parcouru une distance de cinq cents kilomètres.

Six Cents
Seicento

C'erano seicento spettatori nel palazzetto dello sport.

Il y avait six cents spectateurs dans la salle de sport.

Sept Cents
Settecento

Settecento persone hanno firmato una petizione.

Sept cents personnes ont signé une pétition.

Huit Cents

Ottocento

A ottocento metri dal suolo si ergeva una torre.

Une tour s'élève à huit cents mètres au-dessus du sol.

Neuf Cent

Novecento

È costata novecento dollari.

Elle a coûté neuf cents dollars.

Mille

Mille

Nella nostra città vivono novecentomila persone.

Neuf cent mille personnes vivent dans notre ville.

Million

Milioni

Questo paese ha dieci milioni di abitanti.

Ce pays compte dix millions d'habitants.

Premier

Primo

Questo è il mio primo giorno nel nuovo lavoro.

C'est mon premier jour dans mon nouveau travail.

Deuxième

Secondo

È arrivato secondo nella competizione.

Il est arrivé deuxième dans la compétition.

Troisième

Terzo

Abito al terzo piano.

J'habite au troisième étage.

Quatrième

Quarto

Sono il quarto della fila.

Je suis le quatrième dans la file d'attente.

Cinquième

Quinto

Il quinto episodio di questa serie m è piaciuto molto.

J'ai beaucoup aimé le cinquième épisode de cette série.

Sixième

Sesto

Sono il sesto della lista.

Je suis le sixième sur la liste.

Septième

Settimo

Sono settimo in fondo.

Je suis le septième à partir de la fin.

Huitième

Ottava

La nostra squadra è arrivata ottava nel torneo di calcio.

Notre équipe est arrivée huitième au tournoi de football.

Neuvième

Nono

Il nostro nono anniversario di matrimonio è tra pochi giorni.

Notre neuvième anniversaire de mariage aura lieu dans quelques jours.

Dixième

Decimo

C'è un ristorante al decimo piano.

Il y a un restaurant au dixième étage.

Additionner

Sommare

Ho imparato a sommare a scuola.

J'ai appris à additionner à l'école.

Soustraire

Sottrarre

Sai fare la sottrazione?

Sais-tu soustraire ?

Multiplier

Moltiplicare

Moltiplica questi due numeri insieme.

Multiplie ces deux nombres ensemble.

Diviser

Dividere

Dividi quel numero per due.

Divise ce nombre par deux.

Égal

Uguale

Due più tre uguale a cinque.

Deux plus trois égalent cinq.

Les Verbes Les Plus Importants

Acheter
Comprare
Devo comprare una nuova giacca per me.

J'ai besoin d'acheter une nouvelle veste pour moi.

Adorer
Adorare
Adoro andare ai concerti.

J'adore aller à des concerts.

Aider
Aiutare
Come posso aiutarti?

Comment puis-je t'aider ?

Aimer
Piacere
Mi piace guardare film e serie TV.

J'aime regarder des films et des séries télévisées.

Aimer
Amare
Ti amo!

Je t'aime !

Aller
Andare
Sto andando al negozio per fare la spesa.

Je vais au magasin pour faire des courses.

Allumer
Accendere
Accendi la luce?

Allume la lumière !

Annuler
Cancellare
Il nostro volo è stato cancellato.

Notre vol a été annulé.

Apparaître
Comparire
La luna inizia a comparire nel cielo notturno.

La lune commence à apparaître dans le ciel nocturne.

Appeler
Chiamare
Chiamami quando hai un attimo.

Appelle-moi quand tu auras un moment.

Appeler
Chiamare

Ti ho chiamato, ma non hai sentito.

Je t'ai appelé, mais tu n'as pas entendu.

Atteindre
Raggiungere

La nostra squadra ha raggiunto il primo posto nella competizione.

Notre équipe a atteint la première place dans la compétition.

Attendre
Aspettare

Sto aspettando la tua chiamata!

J'attends ton appel !

Attendre
Aspettare

Ci aspettiamo che questa decisione porti a risultati positivi.

Nous espérons que cette décision apportera des résultats positifs.

Avoir
Avere

Ho una nuova macchina.

J'ai une nouvelle voiture.

Avoir Besoin
Avere Bisogno

Hai bisogno di aiuto?

As-tu besoin d'aide ?

Boire
Bere

Dovrei bere più acqua.

Je devrais boire plus d'eau.

Célébrer
Festeggiare

Festeggiate Halloween al lavoro?

Célèbrent-ils Halloween au travail ?

Chanter
Cantare

L'artista canterà le sue canzoni durante il concerto.

L'artiste chantera ses chansons pendant le concert.

Chercher
Cercare

Sta cercando un nuovo lavoro.

Il cherche un nouvel emploi.

Choisir

Scegliere

Quale libro vuoi scegliere per leggere la sera?

Quel livre veux-tu choisir pour lire le soir ?

Collectionner

Collezionare

Colleziono francobolli come hobby.

Je collectionne des timbres en tant que passe-temps.

Comprendre

Capire

Capisci cosa voglio dire?

Comprends-tu ce que je veux dire ?

Compter

Contare

Sà contare fino a cento.

Il sait compter jusqu'à cent.

Connaître

Conoscere

Conosci questo cantante?

Connais-tu ce chanteur ?

Courir

Correre

Mi piace correre ogni mattina.

J'aime courir tous les matins.

Coûter

Costare

È costato 20 dollari.

Ça a coûté 20 $.

Demander

Chiedere

Cosa vuoi chiedere?

De quoi veux-tu demander ?

Dépenser

Spendere

Lui spende tutto il suo stipendio per i vestiti.

Il dépense tout son salaire en vêtements.

Dessiner

Disegnare

Ai bambini piace disegnare con pastelli colorati.

Les enfants adorent dessiner avec des crayons de couleur.

Détester

Odiare

Odio quando le persone sono sciocche.

Je déteste quand les gens sont bêtes.

Devoir

Dovere

Devo andare a lavorare domani.

Je dois aller travailler demain.

Donner

Dare

Lui le ha regalato un regalo di compleanno.

Il lui a offert un cadeau d'anniversaire.

Dormir

Dormire

Di solito dormo per 8 ore.

En général, je dors 8 heures.

Douter

Dubitare

Non c'è motivo di dubitare di ciò che ha detto.

Il n'y a aucune raison de douter de ce qu'il a dit.

Écouter

Ascoltare

Ascolti musica moderna?

Écoutes-tu de la musique moderne ?

Écrire

Scrivere

Lei scrive poesie.

Elle écrit des poèmes.

Embrasser

Baciare

Gli innamorati si baciano spesso per salutarsi.

Les amoureux s'embrassent souvent pour se dire au revoir.

Entrer

Entrare

Lui entra nell'edificio.

Il entre dans le bâtiment.

Essayer

Provare

Devo provare questo piatto.

J'ai besoin d'essayer ce plat.

Éteindre

Spegnere

Spegni il computer!

Éteins l'ordinateur !

Être

Essere

Sto in fila alla cassa.

Je suis dans la file d'attente à la caisse.

Être

Essere

Sono molto stanco dopo il lavoro.

Je suis très fatigué après le travail.

Être Malade

Essere Malato

Lui è malato di diabete.

Il est malade du diabète.

Être Posé

Giacere

Il libro giace sul tavolo.

Le livre est posé sur la table.

Étreindre

Abbracciare

Si abbracciano spesso quando si incontrano.

Ils s'étreignent souvent quand ils se rencontrent.

40

Expliquer

Spiegare

L'insegnante deve spiegare la nuova materia agli studenti.

L'enseignant doit expliquer la nouvelle matière aux élèves.

Faire

Fare

Cosa stai facendo?

Qu'est-ce que tu fais ?

Faire De L'Exercice

Fare Esercizio

Faccio yoga per diventare più flessibile.

Je fais du yoga pour devenir plus flexible.

Fermer

Chiudere

Chiudi la porta!

Ferme la porte !

Fumer

Fumare

Fumi sigarette?

Tu fumes des cigarettes ?

Interdire

Vietare

È vietato saltare dal trampolino in piscina.

Il est interdit de sauter du plongeoir à la piscine.

Jouer

Giocare

So suonare la chitarra, ma gioco a pallavolo.

Je sais jouer de la guitare, mais je joue au volley-ball.

Lire

Leggere

Leggo libri nel mio tempo libero.

Je lis des livres pendant mon temps libre.

Livrer

Consegnare

Il corriere consegnerà il pacco oggi.

Le livreur livrera le colis aujourd'hui.

Manger

Mangiare

A colazione mangio frutta e verdura.

Pour le petit déjeuner, je mange des fruits et des légumes.

Marcher

Camminare

Faccio una passeggiata con il mio cane tutti i giorni.

Je fais une promenade avec mon chien tous les jours.

Mentir

Mentire

Non devi mentire, di' sempre la verità.

Tu ne dois pas mentir, dis toujours la vérité.

Montrer

Mostrare

Mostrami i tuoi nuovi orecchini!

Montre-moi tes nouvelles boucles d'oreilles !

Oublier

Dimenticare

Ho dimenticato di chiederglielo.

J'ai oublié de lui poser la question.

Ouvrir

Aprire

Apre la porta!

Ouvre la porte !

Paraître

Apparire

Lui sembra stanco dopo un lungo viaggio.

Il a l'air fatigué après un long voyage.

Parler

Parlare

Lui parla francese.

Il parle français.

Parler

Parlare

Possiamo parlare?

Peut-on parler ?

Payer

Pagare

Lui paga le bollette.

Il paie les factures.

Peindre

Dipingere

Durante l'estate ho dipinto le pareti nella mia stanza.

En été, j'ai peint les murs de ma chambre.

Penser

Pensare

Penso che sia una buona decisione.

Je pense que c'est une bonne décision.

Penser

Pensare

Penso che sia una buona idea.

Je pense que c'est une bonne idée.

Permettre

Permettere

I miei genitori mi permettono di fare un viaggio.

Mes parents me permettent de partir en voyage.

Pleurer

Piangere

Non piangere! Tutto andrà bene.

Ne pleure pas ! Tout ira bien.

Pousser

Spingere

Sto spingendo il carrello della spesa.

Je pousse le chariot de courses.

Pouvoir
Potere

Puoi aiutarmi?

Peux-tu m'aider ?

Prendre
Prendere

Spesso prendo uno zaino quando faccio lunghe escursioni.

Je prends souvent un sac à dos quand je pars en randonnée.

Puer
Puzzare

Il cibo andato a male ha iniziato a puzzare nel frigorifero.

La nourriture avariée a commencé à puer dans le réfrigérateur.

Recevoir
Ricevere

Ricevo email con informazioni importanti.

Je reçois des e-mails avec des informations importantes.

Regarder
Guardare

Sto guardando la nuova stagione di questa serie ora.

Je regarde la nouvelle saison de cette série en ce moment.

Répondre
Rispondere

Rispondi alla mia domanda!

Réponds à ma question !

Ressentir
Sentire

Sono felice di poterti aiutare.

Je me sens heureux de pouvoir t'aider.

Revenir
Ritornare

Dopo il lavoro, torno sempre a casa.

Après le travail, je rentre toujours à la maison.

Rêver
Sognare

Sogno di viaggiare in un paese esotico.

Je rêve de voyager dans un pays exotique.

Rire

Ridere

Di cosa stai ridendo?

De quoi ris-tu ?

S'Appeler

Chiamarsi

Mi chiamo Anna.

Je m'appelle Anna.

S'Asseoir

Sedersi

Sto seduto comodamente sulla sedia e sto leggendo un libro.

Je suis assis confortablement dans le fauteuil en train de lire un livre.

Savoir

Sapere

Sai come si chiama?

Sais-tu comment il s'appelle ?

Se Disputer

Litigare

A volte litighiamo, ma ci riappacifichiamo sempre dopo.

Nous nous disputons parfois, mais nous nous réconcilions toujours ensuite.

Se Rencontrer

Incontrarsi

Possiamo incontrarci questo fine settimana?

Peut-on se rencontrer ce week-end ?

Se Sentir

Sentirsi

Oggi mi sento molto bene.

Aujourd'hui, je me sens très bien.

Se Souvenir

Ricordare

Non ricordo.

Je ne me souviens pas.

Sembler

Sembrare

Sembra che lui abbia ragione.

Il semble qu'il ait raison.

Sentir

Odore

Qui c'è sempre odore di pane appena sfornato.

Ça sent toujours le pain fraîchemen. cuit ici.

Sortir

Uscire

Uscire

La sera, mi piace uscire al cinema.

Le soir, j'aime sortir au cinéma.

Souffrir

Soffrire

Soffro di allergie in primavera.

Je souffre d'allergies au printemps.

Soutenir

Sostenere

Lui mi sostiene sempre nelle situazioni difficili.

Il me soutient toujours dans les situations difficiles.

Tirer

Tirare

Puoi tirare la slitta?

Peux-tu tirer le traîneau ?

Tomber

Cadere

Le foglie cadono dagli alberi in autunno.

Les feuilles tombent des arbres en automne.

Traduire

Tradurre

Lui traduce dall'inglese al tedesco.

Il traduit de l'anglais en allemand.

Travailler

Lavorare

Dove lavori?

Où travailles-tu ?

Utiliser

Usare

Uso il computer per studiare.

J'utilise l'ordinateur pour apprendre.

Vendre

Vendere

Vendono deliziosi gelati in questo negozio.

Ils vendent de délicieuses glaces dans ce magasin.

Visiter

Visitare

Visito mia zia ogni settimana.

Je rends visite à ma tante chaque semaine.

Vivre

Vivere

Vivono felicemente insieme da molti anni.

Ils vivent heureux ensemble depuis de nombreuses années.

Vivre

Abitare

Vivo in una piccola città.

J'habite dans une petite ville.

Voir

Vedere

Vedi la differenza?

Vois-tu la différence ?

Vouloir

Volere

Voglio mangiare la pizza per il pranzo.

Je veux manger de la pizza pour le déjeuner.

Voyager

Viaggiare

Mi piace viaggiare.

J'aime voyager.

Activités Quotidiennes

Aller Au Lit

Andare A Letto

Vado a letto alle 22.

Je vais au lit à 22 heures.

Aller Au Travail

Andare Al Lavoro

Durante la settimana vado al lavoro.

Pendant la semaine, je vais au travail.

Déjeuner

Pranzare

Pranzo nella mensa del lavoro.

Je déjeune à la cafétéria au travail.

Dîner

Cenare

Ceno a casa

Je prépare souvent le dîner à la maison.

Faire Des Courses

Fare La Spesa

Faccio la spesa ogni due giorni.

Je fais des courses tous les deux jours.

Prendre Le Petit Déjeuner
Fare Colazione

Cosa fai a colazione?

Qu'est-ce que tu prends au petit déjeuner ?

Prendre Une Douche
Fare La Doccia

Faccio la doccia per rinfrescarmi.

Je prends une douche pour me rafraîchir.

Promener Le Chien
Portare Fuori Il Cane

La sera porto fuori il cane.

Le soir, je promène le chien.

Regarder Des Films
Guardare I Film

Guardo i film su internet.

Je regarde des films sur internet.

Regarder Des Séries Tv
Guardare Le Serie Tv

Guardo le serie TV in televisione.

Je regarde des séries TV à la télévision.

Rencontrer Des Amis
Incontrare Gli Amici

Incontro gli amici il sabato.

Je rencontre des amis le samedi.

Repos
Riposo

Dopo il lavoro ho bisogno di riposare.

Après le travail, j'ai besoin de me reposer.

Revenir Du Travail
Tornare Dal Lavoro

Torno dal lavoro dopo le 16.

Je reviens du travail après 16 heures.

Se Baigner
Fare Il Bagno

Spesso faccio il bagno nella vasca la sera per rilassarmi.

Je me baigne souvent dans la baignoire le soir pour me détendre.

Se Brosser Les Dents
Spazzolare I Denti

Mi lavo i denti con il dentifricio.

Je me brosse les dents avec du dentifrice.

Se Laver

Lavarsi

Mi lavo ogni mattina.

Je me lave tous les matins.

Se Lever

Alzarsi

Mi alzo alle 8 del mattino.

Je me lève à 8 heures du matin.

Se Peigner

Pettinarsi

Mi pettino i capelli con una spazzola.

Je me peigne les cheveux avec une brosse.

Se Raser

Rasarsi

Preferisco farmi la barba al mattino piuttosto che alla sera.

Je préfère me raser le matin plutôt que le soir.

Se Réveiller

Svegliarsi

Mi sveglio sempre alle 7 del mattino.

Je me réveille tous les matins à 7 heures.

S'Habiller

Vestirsi

Dopo essermi alzato, mi vesto e vado in bagno.

Après m'être levé, je m'habille et vais à la salle de bains.

Balayer Le Sol

Spazzare Il Pavimento

Puoi spazzare il pavimento?

Pouvez-vous balayer le sol ?

Faire La Lessive

Lavare I Vestiti

Lavo i vestiti una volta alla settimana.

Je fais la lessive une fois par semaine.

Laver La Vaisselle

Lavare I Piatti

Non mi piace lavare i piatti. Per questo ho comprato una lavastoviglie.

Je n'aime pas laver la vaisselle. C'est pourquoi j'ai acheté un lave-vaisselle.

Nettoyer

Pulire

Pulisco la casa nel weekend.

Je nettoie la maison pendant le week-end.

Passer L'Aspirateur

Passare L'Aspirapolvere

Passo l'aspirapolvere in tutta la casa ogni sabato.

Je passe l'aspirateur dans toute la maison tous les samedis.

Repasser

Stirare

Stiro i vestiti quando sono asciutti.

Je repasse les vêtements quand ils sont secs.

Famille Et Amis

Adolescent

Adolescente

L'adolescente sta studiando per un esame di matematica.

L'adolescent étudie pour un examen de mathématiques.

Bébé

Bambino

Il bambino dorme tranquillamente nel letto.

Le bébé dort paisiblement dans le lit.

Enfant

Bambino

Suo figlio va all'asilo.

Son enfant va à la maternelle.

Femme

Donna

La donna indossava un vestito rosso.

La femme portait une robe rouge.

Homme

Uomo

Un uomo con un cappello è in piedi al semaforo.

Un homme avec un chapeau est debout au feu de circulation.

Retraité

Pensionato

Il pensionato trascorre il tempo guardando la televisione.

Le retraité passe son temps à regarder la télévision.

Ami

Amico

Un collega di lavoro mi ha invitato a pranzo.

Un collègue de travail m'a invité à déjeuner.

Connaissance

Conoscente

Oggi ho incontrato un conoscente dei tempi della scuola.

J'ai rencontré une connaissance de l'école aujourd'hui.

Petit Ami

Ragazzo

Il mio ragazzo mi ha portato un mazzo di fiori per il nostro anniversario.

Mon petit ami m'a apporté un bouquet de fleurs pour notre anniversaire.

Petite Amie

Ragazza

Alla mia ragazza piace passeggiare nel parco.

Ma petite amie aime se promener dans le parc.

Voisin

Vicino

Il nostro vicino ci ha aiutato a riparare la recinzione.

Notre voisin nous a aidés à réparer la clôture.

Fille

Figlia

Mia figlia va alla scuola elementare.

Ma fille va à l'école primaire.

Fils

Figlio

Mio figlio adora giocare a calcio.

Mon fils adore jouer au football.

Mère

Madre

Mia madre cucina sempre piatti deliziosi.

Ma mère cuisine toujours des repas délicieux.

Père

Padre

Mio padre mi ha insegnato come riparare una bicicletta.

Mon père m'a appris à réparer un vélo.

Grand-Mère

Nonna

Mia nonna ci racconta storie meravigliose del passato.

Ma grand-mère nous raconte des histoires merveilleuses du passé.

Grand-Père

Nonno

Mio nonno è un veterano di guerra.

Mon grand-père est un vétéran de guerre.

Tante

Zia

Mia zia mi aiuta con i compiti di matematica.

Ma tante m'aide avec les devoirs de mathématiques.

Oncle

Zio

Mio zio è pilota e viaggia spesso.

Mon oncle est pilote et voyage fréquemment.

Petit-Fils

Nipote

Mio nipote lavora all'estero.

Mon petit-fils travaille à l'étranger.

Petite-Fille

Nipote

Mia nipote adora dipingere quadri.

Ma petite-fille adore peindre des tableaux.

Épouse

Moglie

Mia moglie ed io stiamo pianificando una vacanza al mare.

Ma femme et moi prévoyons des vacances au bord de la mer.

Mari

Marito

Mio marito è un ottimo cuoco.

Mon mari est un excellent cuisinier.

Sœur

Sorella

Mia sorella è la mia migliore amica.

Ma sœur est ma meilleure amie.

Frère

Fratello

Mio fratello ha 15 anni.

Mon frère a 15 ans.

Les Professions

Acteur

Attore

Questo attore ha interpretato il ruolo principale nel nuovo film.

Cet acteur a joué le rôle principal dans le nouveau film.

Agriculteur

Agricoltore

L'agricoltore raccoglie i raccolti dal campo durante la stagione di raccolta.

L'agriculteur récolte des récoltes du champ pendant la récolte.

Avocat

Avvocato

L'avvocato difende il suo cliente in tribunale.

L'avocat défend son client au tribunal.

Caissier

Cassiere

Lavora come cassiere.

Il travaille comme caissier.

Chanteur

Cantante

Il cantante ha pubblicato una nuova canzone.

Le chanteur a sorti une nouvelle chanson.

Chauffeur De Camion

Camionista

Il camionista consegna i prodotti al negozio.

Le chauffeur de camion livre des marchandises au magasin.

Coiffeur

Parrucchiere

Il mio parrucchiere mi fa sempre delle acconciature fantastiche.

Mon coiffeur me fait toujours de superbes coiffures.

Comptable

Contabile

Il contabile tiene i registri finanziari.

Le comptable tient les registres financiers.

Cuisinier
Cuoco
Il cuoco ha preparato un piatto delizioso.

Le cuisinier a préparé un plat délicieux.

Enseignant
Insegnante
L'insegnante insegna matematica nella scuola elementare.

L'enseignant enseigne les mathématiques à l'école primaire.

Facteur
Postino
Il postino consegna la posta tutti i giorni.

Le facteur livre le courrier tous les jours.

Fonctionnaire Du Gouvernement
Funzionario Governativo
Il funzionario governativo si occupa di questioni amministrative.

Le fonctionnaire du gouvernement s'occupe des affaires administratives.

Ingénieur
Ingegnere
Questo ingegnere sta lavorando a un nuovo progetto di un ponte.

Cet ingénieur travaille sur un nouveau projet de pont.

Journaliste
Giornalista
Questo giornalista ha condotto un'intervista con il presidente.

Ce journaliste a réalisé une interview avec le président.

Médecin
Medico
Il medico fornisce consulenze mediche ai pazienti e prescrive farmaci.

Le médecin donne des conseils médicaux aux patients et prescrit des médicaments.

Musicien
Musicista
Il musicista suona il violino.

Le musicien joue du violon.

Pilote

Pilota

Il pilota guida l'aereo durante i voli internazionali.

Le pilote opère l'avion lors des vols internationaux.

Policier

Poliziotto

Il poliziotto mantiene l'ordine e la sicurezza.

Le policier maintient l'ordre et la sécurité.

Pompier

Vigile Del Fuoco

Il vigile del fuoco spegne gli incendi.

Le pompier éteint les incendies.

Serveur

Cameriere

Questo cameriere ha preso il nostro ordine al ristorante.

Ce serveur a pris notre commande au restaurant.

Stewart

Assistente Di Volo

L'assistente di volo serve i passeggeri sull'aereo.

Le steward sert les passagers dans l'avion.

Vendeur

Venditore

Il venditore aiuta i clienti a scegliere i prodotti al supermercato.

Le vendeur aide les clients à choisir des produits au supermarché.

La Vie Dans Une Ville

Aéroport

Aeroporto

L'aeroporto gestisce voli nazionali e internazionali.

L'aéroport assure des vols nationaux et internationaux.

Arrêt De Bus

Fermata Dell'Autobus

Sto aspettando l'autobus alla fermata dell'autobus.

J'attends le bus à l'arrêt de bus.

Banque

Banca

La banca offre prestiti.

La banque propose des prêts.

Boulangerie
Panetteria

Puoi acquistare pane fresco in panetteria.

Vous pouvez acheter du pain frais à la boulangerie.

Bureau Du Gouvernement
Ufficio

Puoi ottenere la tua carta d'identità e il passaporto in ufficio.

Vous pouvez obtenir une carte d'identité et un passeport au bureau du gouvernement.

Cinéma
Cinema

Il cinema è il luogo perfetto per una serata cinematografica con gli amici.

Le cinéma est l'endroit idéal pour une soirée cinéma entre amis.

École
Scuola

Gli insegnanti lavorano nella scuola.

Les enseignants travaillent à l'école.

Église
Chiesa

La chiesa è un luogo di preghiera.

L'église est un lieu de prière.

Fleuriste
Fioraio

Il fioraio vende fiori.

Le fleuriste vend des fleurs.

Gare
Stazione Ferroviaria

La stazione ferroviaria è a 300 metri di distanza.

La gare est à 300 mètres de distance.

Hôpital
Ospedale

L'ospedale cura i pazienti.

L'hôpital traite les patients.

Hôtel
Hotel

L'hotel offre camere confortevoli e un servizio eccellente per i viaggiatori.

L'hôtel propose des chambres confortables et un excellent service pour les voyageurs.

Librairie

Libreria

La libreria offre una vasta selezione di libri per i lettori.

La librairie propose un large choix de livres pour les lecteurs.

Magasin

Negozio

Il negozio è proprio dietro l'angolo.

Le magasin est juste au coin de la rue.

Musée

Museo

Il museo presenta opere d'arte ed esposizioni storiche.

Le musée présente des œuvres d'art et des expositions historiques.

Pharmacie

Farmacia

Puoi acquistare farmaci con e senza prescrizione medica in farmacia.

Vous pouvez acheter des médicaments sur ordonnance et en vente libre à la pharmacie.

Restaurant

Ristorante

Il ristorante offre piatti deliziosi e cibo da asporto.

Le restaurant propose des plats délicieux et des plats à emporter.

Station-Service

Distributore Di Benzina

Puoi fare il pieno di benzina al distributore di benzina.

Vous pouvez faire le plein d'essence à la station-service.

Théâtre

Teatro

Il teatro presenta diverse rappresentazioni.

Le théâtre présente diverses représentations.

Usine

Fabbrica

Nella fabbrica vengono prodotti vari articoli.

Dans l'usine, divers produits sont fabriqués.

Autoroute

Autostrada

In autostrada in Germania non c'è limite di velocità.

Sur l'autoroute en Allemagne, il n'y a pas de limite de vitesse.

Intersection
Incrocio

All'incrocio, gira a destra.

À l'intersection, tournez à droite.

Parking
Parcheggio

Il parcheggio è a pagamento.

Le parking est payant.

Passage Piéton
Attraversamento Pedonale

All'attraversamento pedonale, i pedoni hanno la precedenza.

Au passage piéton, les piétons ont la priorité.

Piste Cyclable
Pista Ciclabile

I ciclisti percorrono la pista ciclabile.

Les cyclistes circulent sur la piste cyclable.

Pont

Ponte

Il ponte collega due rive del fiume.

Le pont relie deux rives.

Quartier
Quartiere

Questo è un quartiere tranquillo e pacifico.

C'est un quartier calme et paisible.

Rue
Strada

Vivo sulla strada principale.

J'habite sur la rue principale.

Trottoir
Marciapiede

I pedoni camminano sul marciapiede.

Les piétons marchent sur le trottoir.

Tunnel
Tunnel

Nella mia città è stato costruito un tunnel ferroviario.

Dans ma ville, un tunnel ferroviaire a été construit.

Village

Villaggio

Nella mia infanzia vivevo in un villaggio.

Dans mon enfance, j'habitais dans le village.

Ville

Città

Vivo in una grande città.

J'habite dans une grande ville.

École

Biologie

Biologia

La biologia è la scienza degli organismi.

La biologie est la science des organismes.

Chimie

Chimica

In chimica, l'insegnante ha mostrato un esperimento.

En chimie, le professeur a montré une expérience.

Éducation Physique

Educazione Fisica

In educazione fisica giochiamo a pallavolo.

En éducation physique, nous jouons au volleyball.

Géographie

Geografia

La geografia è la scienza del mondo.

La géographie est la science du monde.

Histoire

Storia

In storia, discutiamo della Seconda Guerra Mondiale.

En histoire, nous discutons de la Seconde Guerre mondiale.

Mathématiques

Matematica

In matematica, discutiamo i principi dell'addizione.

En mathématiques, nous discutons des principes de l'addition.

Physique

Fisica

Al momento sto studiando cinematica in fisica.

En ce moment, j'étudie la cinématique en physique.

Devoir

Compito

Dopo essere tornato a casa, ho fatto i compiti.

Après être rentré à la maison, j'ai fait mes devoirs.

Élève

Studente

Lo studente si stava preparando diligentemente per l'esame.

L'élève se préparait très sérieusement pour l'examen.

Examen

Esame

Domani ci sarà un esame di matematica.

Demain, il y aura un examen de mathématiques.

Leçon

Lezione

Nella lezione di oggi, l'insegnante ha discusso argomenti storici importanti.

Dans la leçon d'aujourd'hui, le professeur a discuté de sujets historiques importants.

Tableau

Lavagna

Alla lavagna, l'insegnante scriveva equazioni da risolvere.

Au tableau, le professeur écrivait des équations à résoudre.

Cahier

Quaderno

Appunto nuove parole nel mio quaderno.

Je note de nouveaux mots dans mon cahier.

Crayon

Matita

Ho disegnato questo disegno con una matita.

J'ai dessiné cette image avec un crayon.

Marqueur

Marcatore

Usa un marcatore per evidenziare la parola.

Utilise un marqueur pour souligner le mot.

Règle

Righello

Il mio righello è trasparente.

Ma règle est transparente.

Stylo

Penna

Posso prendere in prestito una penna da te?

Puis-je emprunter un stylo à toi ?

Taille-Crayon

Temperamatite

Questo è un temperamatite.

C'est un taille-crayon.

Travail Et Financement

Argent

Denaro

Il denaro dovrebbe essere risparmiato.

L'argent doit être économisé.

Argent Liquide

Contanti

Voglio pagare in contanti.

Je veux payer en argent liquide.

Carte De Débit

Carta Di Debito

Una carta di debito consente di fare acquisti in modo comodo.

Une carte de débit permet de faire des achats en toute commodité.

Compte Bancaire

Conto In Banca

Voglio aprire un nuovo conto in banca.

Je veux ouvrir un nouveau compte bancaire.

Crédit

Credito

Un mutuo mi ha aiutato a comprare la casa dei miei sogni.

Un crédit hypothécaire m'a aidé à acheter la maison de mes rêves.

Investissement

Investimento

Investire in immobili può portare profitti a lungo termine.

Investir dans l'immobilier peut rapporter à long terme.

Actions

Azioni

Gli investitori commerciano azioni in borsa.

Les investisseurs négocient des actions à la bourse.

Bourse
Borsa Valori

Gli investitori seguono quotidianamente le quotazioni in borsa.

Les investisseurs suivent quotidiennement les cotations en bourse.

Capital
Capitale

Un nuovo investimento richiede un capitale significativo.

Un nouvel investissement nécessite un capital important.

Chômage
Disoccupazione

Un aumento della disoccupazione può rappresentare una sfida per l'economia del paese.

Une hausse du chômage peut représenter un défi pour l'économie du pays.

Demande

Domanda

L'alta domanda per questi prodotti ha fatto aumentare i loro prezzi.

Une forte demande pour ces produits a fait augmenter leurs prix.

Dividende
Dividendo

Gli azionisti hanno ricevuto un dividendo attraente dai profitti dell'azienda.

Les actionnaires ont reçu un dividende attractif des bénéfices de l'entreprise.

Entreprise
Azienda

Quest'azienda è specializzata nei servizi di telecomunicazione.

Cette entreprise est spécialisée dans les services de télécommunications.

Facture
Fattura

Per favore, inviaci la fattura.

Merci de nous envoyer la facture.

Foire Commerciale
Fiera

Alle fiere commerciali vengono presentate novità del settore automobilistico.

Lors des foires commerciales, on présente des nouveautés de l'industrie automobile.

Impôt

Tassa

Gli imprenditori devono fare i conti e pagare le tasse sul reddito.

Les entrepreneurs doivent régler et payer l'impôt sur le revenu.

Inflation

Inflazione

L'inflazione è aumentata negli ultimi mesi, influenzando il potere d'acquisto della moneta.

L'inflation a augmenté ces derniers mois, affectant le pouvoir d'achat de l'argent.

Monnaie

Valuta

L'euro è la valuta comune in molti paesi dell'Unione Europea.

L'euro est la monnaie commune dans de nombreux pays de l'Union européenne.

Offre

Offerta

Un aumento dell'offerta di materie prime ha portato a una diminuzione dei prezzi sul mercato.

Une augmentation de l'offre de matières premières a entraîné une baisse des prix sur le marché.

Paiement

Pagamento

Il pagamento per l'ordine può essere effettuato in contanti al momento della consegna.

Le paiement de la commande peut se faire en espèces à la livraison.

Perte

Perdita

Purtroppo, quest'anno l'azienda ha registrato una perdita invece di un utile.

Malheureusement, cette année, la société a enregistré une perte au lieu d'un profit.

Profit

Utile

L'azienda ha ottenuto un utile significativo l'ultimo trimestre finanziario.

La société a réalisé un profit significatif le dernier trimestre financier.

Récession

Recessione

Durante una recessione, le aziende spesso devono licenziare dipendenti.

Pendant une récession, les entreprises doivent souvent licencier des employés.

Taux De Change

Tasso Di Cambio

Sto seguendo il tasso di cambio attuale perché sto pianificando un viaggio all'estero.

Je surveille le taux de change actuel car je prévois de voyager à l'étranger.

Augmentation

Aumento

Dopo diversi anni di lavoro nell'azienda, ho ricevuto un meritato aumento.

Après plusieurs années de travail dans l'entreprise, j'ai reçu une augmentation bien méritée.

Bonus

Bonus

Ho ricevuto un bonus per il mio contributo al progetto.

J'ai reçu un bonus pour ma contribution au projet.

Contrat De Travail

Contratto Di Lavoro

Il contratto di lavoro specifica le condizioni di impiego e gli obblighi del datore di lavoro e del

Le contrat de travail spécifie les conditions d'emploi et les obligations de l'employeur et de l'em

Embaucher

Assumere

L'azienda prevede di assumere nuovi dipendenti.

L'entreprise prévoit d'embaucher de nouveaux employés.

Employé

Dipendente

I dipendenti dell'azienda vengono regolarmente formati per migliorare le loro qualifiche.

Les employés de l'entreprise sont régulièrement formés pour améliorer leurs qualifications.

Employeur

Datore Di Lavoro

Il datore di lavoro organizza un incontro annuale con i dipendenti.

L'employeur organise une réunion annuelle avec les employés.

Entretien D'Embauche

Colloquio Di Lavoro

Il colloquio di lavoro è stato molto positivo; spero di ottenere il posto.

L'entretien d'embauche a été très positif ; j'espère obtenir le poste.

Gagner

Guadagnare

Lui guadagna molto bene.

Il gagne très bien.

Grève

Sciopero

I dipendenti hanno annunciato uno sciopero per ottenere migliori condizioni di lavoro.

Les employés ont annoncé une grève pour obtenir de meilleures conditions de travail.

Heures Supplémentaires

Ore Straordinarie

Mi è stato chiesto di fare ore straordinarie questa settimana.

On m'a demandé de travailler des heures supplémentaires cette semaine.

Licencier

Licenziare

Stiamo licenziando diversi dipendenti a causa di una diminuzione della produzione.

Nous licencions plusieurs employés en raison d'une diminution de la production.

Rupture De Contrat

Licenziamento

Ho presentato un licenziamento perché ho trovato un nuovo lavoro.

J'ai présenté une rupture de contrat car j'ai trouvé un nouveau travail.

Salaire

Stipendio

Il mio stipendio viene pagato all'inizio di ogni mese.

Mon salaire est versé au début de chaque mois.

Syndicat

Sindacato

Il sindacato ha annunciato nuovamente uno sciopero.

Le syndicat a annoncé à nouveau une grève.

Travail
Lavoro

Trovo molta soddisfazione nel mio lavoro in questa azienda.

Je trouve une grande satisfaction dans mon travail dans cette entreprise.

Vacances
Vacanza

Sono in vacanza la prossima settimana.

Je suis en vacances la semaine prochaine.

Ajouter Une Colonne
Aggiungere Una Colonna

Aggiungi una colonna a questa tabella.

Ajoutez une colonne à ce tableau.

Créer Une Liste
Creare Una Lista

Ho creato una lista di cose da fare per la prossima settimana.

J'ai créé une liste de tâches à faire pour la semaine prochaine.

Émettre Une Facture
Emettere Una Fattura

Prima di completare il progetto, devi emettere una fattura e inviarla al cliente.

Avant de finaliser le projet, vous devez émettre une facture et l'envoyer au client.

Enregistrer Un Fichier
Salvare Un File

Non dimenticare di salvare il file per non perdere il tuo lavoro.

N'oubliez pas d'enregistrer le fichier pour ne pas perdre votre travail.

Envoyer Un Fichier En Pièce Jointe
Inviare Un File Come Allegato

Ti ho inviato un file importante come allegato a questa email.

Je vous ai envoyé un fichier important en pièce jointe à cet email.

Participer À Des Réunions
Partecipare A Riunioni

Partecipo a riunioni di squadra tutti i giorni.

Je participe à des réunions d'équipe tous les jours.

Répondre Au Téléphone

Rispondere Al Telefono

Come segretaria, rispondo a molte chiamate.

En tant que secrétaire, je réponds à de nombreux appels.

Répondre Aux Emails

Rispondere Alle Email

Risponderò alla tua email non appena possibile.

Je répondrai à votre email dès que possible.

Se Connecter

Effettuare L'Accesso

Per utilizzare il sistema, devi prima effettuare l'accesso.

Pour utiliser le système, vous devez d'abord vous connecter.

Se Déconnecter

Effettuare Il Logout

Dopo aver terminato il lavoro, devi effettuare il logout dal sistema.

Après avoir terminé le travail, vous devez vous déconnecter du système.

Signer Un Contrat

Firmare Un Contratto

Prima di iniziare a lavorare in una nuova azienda, dovrai firmare un contratto di lavoro.

Avant de commencer à travailler dans une nouvelle entreprise, vous devrez signer un contrat de trav

Supprimer Une Ligne

Eliminare Una Riga

Elimina una riga con dati errati da questa tabella.

Supprimez une ligne avec des données incorrectes de ce tableau.

Base De Données

Database

In azienda conserviamo tutte le informazioni dei clienti nel nostro database.

Dans l'entreprise, nous stockons toutes les informations clients dans notre base de données.

Ensemble De Données

Insieme Di Dati

Questo insieme di dati contiene 900 righe e 50 colonne.

Cet ensemble de données contien 900 lignes et 50 colonnes.

Chargeur

Caricabatterie

Dove si trova il mio caricabatterie?

Où est mon chargeur ?

Clavier

Tastiera

Questa è una tastiera francese.

Il s'agit d'un clavier français.

Écran

Monitor

Questo monitor è da 20 pollici.

Cet écran a 20 pouces.

Haut-Parleurs

Altoparlanti

Gli altoparlanti hanno una buona qualità del suono.

Les haut-parleurs ont une bonne qualité sonore.

Imprimante

Stampante

Ho stampato 3 pagine sulla stampante.

J'ai imprimé 3 pages sur l'imprimante.

Microphone

Microfono

Parla nel microfono!

Parlez dans le microphone !

Ordinateur

Computer

Il mese scorso ho comprato un nuovo computer.

Le mois dernier, j'ai acheté un nouvel ordinateur.

Radio

Radio

Mi piace ascoltare musica alla radio.

J'aime écouter de la musique à la radio.

Rallonge

Prolunga

Usa la prolunga per collegare la TV.

Utilisez la rallonge pour brancher la télévision.

Souris

Mouse

Utilizzate il mouse per fare clic su questo link.

Utilisez la souris pour cliquer sur ce lien !

Téléphone

Telefono

A settembre ho comprato un nuovo telefono.

En septembre, je me suis acheté un nouveau téléphone.

Téléviseur

Tv

La mia TV è da 32 pollici.

Ma télévision a 32 pouces.

Maison

Cuisinière

Fornello

Il fornello è dotato di un forno.

La cuisinière est équipée d'un four.

Lave-Vaisselle
Lavastoviglie
La lavastoviglie lava i piatti.
Le lave-vaisselle lave la vaisselle.

Machine À Laver
Lavatrice
Lavo i vestiti nella lavatrice.
Je lave les vêtements dans la machine à laver.

Réfrigérateur
Frigorifero
Conservo la carne nel frigorifero.
Je garde la viande dans le réfrigérateur.

Sèche-Cheveux
Asciugacapelli
Asciugo i capelli con l'asciugacapelli.
Je sèche mes cheveux avec un sèche-cheveux.

Appartement
Appartamento
Il mio appartamento è di 30 metri quadrati.
Mon appartement a 30 mètres carrés.

Immeuble
Caseggiato
I caseggiati sono nel centro storico.

Les immeubles sont dans la vieille ville.

Immeuble D'Appartements
Palazzo
Questo palazzo ha 5 piani.
Cet immeuble d'appartements a 5 étages.

Maison
Casa
Questa è una casa indipendente.
Il s'agit d'une maison individuelle.

Maison Jumelée
Casa A Schiera
Lui vive in una casa a schiera.
Il habite dans une maison jumelée.

Ascenseur
Ascensore
L'ascensore non è in funzione.
L'ascenseur est hors service.

Balcon
Balcone
Mi piace fare colazione sul balcone
J'aime prendre le petit-déjeuner sur le balcon.

Chambre
Stanza

Questa stanza è di 16 metri quadrati.

Cette chambre a 16 mètres carrés.

Chambre À Coucher
Camera Da Letto

Dormiamo nella camera da letto.

Nous dormons dans la chambre à coucher.

Couloir
Corridoio

Lascia la giacca nel corridoio!

Laissez votre veste dans le couloir !

Cuisine
Cucina

In cucina fa più caldo.

Il fait plus chaud dans la cuisine.

Escaliers
Scale

Salite le scale!

Montez les escaliers !

Étage
Piano

La camera è al primo piano.

La chambre est au premier étage.

Garage
Garage

Parcheggio l'auto nel garage.

Je gare la voiture dans le garage.

Salle De Bain
Bagno

Il bagno ha una doccia e una vasca.

La salle de bain a une douche et une baignoire.

Salle De Séjour
Soggiorno

Nel soggiorno guardiamo la TV.

Dans le salon, nous regardons la télévision.

Sous-Sol
Cantina

In cantina conserviamo cibo e bevande.

Dans le sous-sol, nous stockons de la nourriture et des boissons.

Ampoule
Lampadina

La lampadina deve essere sostituita.

L'ampoule doit être remplacée.

Baignoire
Vasca Da Bagno

Mi piace fare il bagno nella vasca.

J'aime prendre un bain dans la baignoire.

Bureau
Scrivania
Metti il computer sulla scrivania!

Posez l'ordinateur sur le bureau !

Chaise
Sedia
Questa sedia non è comoda.

Cette chaise n'est pas confortable.

Chauffage
Riscaldamento
Il riscaldamento centralizzato tiene calda la casa.

Le chauffage central garde la maison au chaud.

Cheminée
Camino
Il camino era coperto di neve in inverno.

La cheminée était recouverte de neige en hiver.

Climatisation
Aria Condizionata
L'aria condizionata è utile nei giorni caldi.

La climatisation est utile les jours de chaleur.

Couverture
Coperta
Quando fa freddo, dormo sotto una coperta.

Quand il fait froid, je dors sous une couverture.

Drap
Lenzuolo
Il lenzuolo è pulito e profumato.

Le drap est propre et parfumé.

Étagère
Mensola
Conservo libri su questa mensola.

Je range des livres sur cette étagère.

Évier
Lavandino
Metti i piatti nel lavandino!

Mets la vaisselle dans l'évier !

Fenêtre
Finestra
Apri la finestra per areare la stanza

Ouvrez la fenêtre pour aérer la pièce.

Garde-Robe
Armadio
Nell'armadio conservo vestiti e scarpe.

Dans la garde-robe, je range des vêtements et des chaussures.

Lampe
Lampada
La lampada a soffitto illumina tutta la stanza.

La lampe au plafond éclaire toute la pièce.

Lavabo
Lavabo
Il lavabo del bagno è intasato.
Le lavabo de la salle de bains est bouché.

Linge De Lit
Biancheria Da Letto
La biancheria da letto è appena stata lavata.
Le linge de lit est fraîchement lavé.

Lit
Letto
Questo letto ha un materasso comodo.
Ce lit a un matelas confortable.

Oreiller
Cuscino
Questo cuscino è estremamente comodo.
Cet oreiller est extrêmement confortable.

Peinture
Quadro
Questo quadro costa mille dollari.
Ce tableau coûte mille dollars.

Plafond

Soffitto
Il soffitto della stanza è dipinto di bianco.
Le plafond de la pièce est peint en blanc.

Porte
Porta
Chiudi la porta!
Fermez la porte !

Prise
Presa
La presa è dietro la poltrona.
La prise est derrière le fauteuil.

Rideau
Tenda
Le tende alle finestre tengono lontano il sole.
Les rideaux des fenêtres protègent du soleil.

Sol
Pavimento
Il pavimento del soggiorno è in legno.
Le sol du salon est en bois.

Table
Tavolo
Sul tavolo vicino alla finestra ci sono fiori in un vaso.
Sur la table près de la fenêtre, il y a des fleurs dans un vase.

Toit
Tetto
Sul tetto c'è un'antenna TV.

Il y a une antenne de télévision sur le toit.

Nourriture

Beurre
Burro
Spalmate il burro sul pane!

Tartiner le pain de beurre !

Farine
Farina
La farina serve per preparare l'impasto.

Il faut de la farine pour préparer la pâte.

Fromage
Formaggio
Questo formaggio è delizioso!

Ce fromage est délicieux !

Jambon
Prosciutto
Gradisce una fetta di prosciutto?

Voulez-vous une tranche de jambon ?

Ketchup
Ketchup
Il ketchup è perfetto con le patatine.

Le ketchup est parfait avec les frites.

Lait
Latte
Di solito bevo il caffè con il latte.

Je bois normalement mon café avec du lait.

Mayonnaise
Maionese
Un panino con maionese e insalata è delizioso.

Un sandwich avec de la mayonnaise et de la salade est délicieux.

Moutarde
Senape
La senape si sposa bene con la salsiccia.

La moutarde accompagne bien les saucisses.

Œuf
Uovo
Preparo le uova alla coque per colazione.

Je prépare des œufs à la coque pour le petit-déjeuner.

Pain
Pane
Il pane è un ingrediente fondamentale di molti pasti.

Le pain est un ingrédient de base dans de nombreux repas.

Pâtes
Pasta

Ho dimenticato di comprare la pasta.

J'ai oublié d'acheter des pâtes.

Petit Pain
Rotolo

Per colazione mi piace mangiare un rotolo con burro e marmellata.

Au petit déjeuner, j'aime manger un petit pain avec du beurre et de la confiture.

Poivre
Pepe

Aggiungere un pizzico di pepe all'insalata!

Ajoute une pincée de poivre à ta salade !

Riz
Riso

Preferisco il riso alla pasta.

Je préfère le riz aux pâtes.

Saucisse
Salsiccia

La salsiccia alla griglia è il piatto perfetto per un picnic.

La saucisse sur le gril est le plat idéal pour un pique-nique.

Sel
Sale

Il sale è essenziale per condire i cibi.

Le sel est essentiel pour assaisonner les aliments.

Sucre
Zucchero

Spesso aggiungo un po' di zucchero al tè.

J'ajoute souvent un peu de sucre à mon thé.

Yogourt
Yogurt

Adoro lo yogurt alla frutta.

J'adore le yogourt aux fruits.

Ail
Aglio

L'aglio aggiunge sapore.

L'ail donne du goût.

Betterave
Barbabietola

La barbabietola deve essere prima cotta.

La betterave doit d'abord être cuite.

Carotte
Carota

Le carote crude sono croccanti e gustose.

Les carottes crues sont croquantes et savoureuses.

Chou
Cavolo

I crauti sono un ingrediente tradizionale delle insalate.

La choucroute est un ingrédient traditionnel des salades.

Concombre
Cetriolo

Il cetriolo è ideale per insalate e panini.

Le concombre est idéal pour les salades et les sandwichs.

Haricots
Fagioli

I fagioli sono una fonte di proteine vegetali.

Les haricots sont une source de protéines végétales.

Laitue
Lattuga

La lattuga è una parte sana della dieta.

La laitue est un aliment sain.

Maïs
Mais

Con il mais si prepara la farina di mais.

Le maïs est utilisé pour faire de la farine de maïs.

Oignon
Cipolla

Mentre affettavo le cipolle, ho pianto.

J'ai pleuré en coupant les oignons.

Poivron
Peperone

I peperoni sono rossi.

Les poivrons sont rouges.

Pommes De Terre
Patate

Le patate possono essere preparate come patatine.

Les pommes de terre peuvent être préparées sous forme de croustilles

Radis
Ravanello

I ravanelli sono deliziosi.

Les radis sont délicieux.

Tomate
Pomodoro

Mi piace mangiare i pomodori con cipolle e panna acida.

J'aime manger les tomates avec des oignons et de la crème sure.

Banane

Banana

Mangio una banana ogni giorno.

Je mange une banane tous les jours.

Citron

Limone

Mi piace il tè con il limone.

J'aime le thé au citron.

Fraise

Fragola

Le fragole sono un ottimo ingrediente per il gelato.

La fraise est un excellent ingrédient pour la crème glacée.

Framboise

Lampone

I lamponi sono più economici in estate.

Les framboises sont moins chères en été.

Orange

Arancia

Le arance sono una fonte di vitamina C.

L'orange est une source de vitamine C.

Poire

Pera

La pera è dolce e succosa.

La poire est sucrée et juteuse.

Pomme

Mela

La mela è un frutto molto apprezzato.

La pomme est un fruit populaire.

Prune

Prugna

Le prugne sono ideali per fare la marmellata.

La prune est idéale pour faire de la confiture.

Raisin

Uva

Dall'uva si può ricavare il vino.

On peut faire du vin avec du raisin.

Bière

Birra

La birra viene spesso servita alle feste.

La bière est souvent servie lors des fêtes.

Café

Caffè

Il caffè al mattino mi aiuta a svegliarmi.

Le café du matin m'aide à me réveiller.

Eau

Acqua

L'acqua è essenziale per mantenere il corpo idratato.

L'eau est essentielle pour garder le corps hydraté.

Jus De Fruit

Succo Di Frutta

Il succo d'arancia è un'ottima scelta per la colazione.

Le jus d'orange est un excellent choix pour le petit-déjeuner.

Thé

Tè

Il tè è una bevanda molto diffusa nel Regno Unito.

Le thé est une boisson populaire au Royaume-Uni.

Vin

Vino

Il vino rosso si accompagna meglio alla carne.

Le vin rouge accompagne mieux la viande.

Biscuit

Biscotto

I biscotti vanno bene con il caffè.

Les biscuits accompagnent bien le café.

Bonbon

Caramelle

Le caramelle rovinano i denti.

Les bonbons abîment les dents.

Chocolat

Cioccolato

Ho comprato una tavoletta di cioccolato.

J'ai acheté une tablette de chocolat.

Confiture

Marmellata

Ho fatto molta marmellata in autunno.

J'ai fait beaucoup de confiture en automne.

Dessert

Dessert

Ho ordinato un gelato alle noci come dessert.

J'ai commandé une glace aux noix pour le dessert.

Gâteau

Torta

La torta al cioccolato è il mio dolce preferito.

Le gâteau au chocolat est mon dessert préféré.

Miel

Miele

Il miele con il tè mi aiuta ad alleviare il mal di gola.

Le miel avec le thé m'aide à soulager mon mal de gorge.

Côtelette
Cotoletta

Al ristorante ordino una cotoletta di maiale con patate.

Au restaurant, je commande une côtelette de porc avec des pommes de terre.

Œuf Brouillé
Uovo Strapazzato

Faccio le uova strapazzate con due uova.

Je fais des œufs brouillés avec deux œufs.

Soupe
Zuppa

La zuppa di pomodoro con i noodles è perfetta per le giornate fredde.

La soupe de tomates avec des nouilles est parfaite pour les jours froids.

Épicé
Piccante

Questa zuppa è molto piccante.

Cette soupe est très épicée.

Salé
Salato

I cibi salati aumentano il colesterolo.

Savoureux
Gustoso

Questo piatto è davvero gustoso!

Ce plat est vraiment savoureux !

Sucré
Dolce

Questa torta è molto dolce.

Ce gâteau est très sucré.

Assaisonner
Condire

Condire il pollo prima di cuocerlo!

Il faut assaisonner le poulet avant de le faire cuire !

Cuire
Infornare

Ho fatto il pane ieri.

J'ai fait du pain hier.

Cuisiner
Cucinare

Mi piace cucinare diversi piatti, soprattutto quelli italiani.

J'aime cuisiner des plats différents, surtout des plats italiens.

Éplucher
Pelare

Bisogna pelare le patate prima di cucinare la zuppa.

Il faut éplucher les pommes de terre avant de préparer la soupe.

Frire
Friggere

Friggo sempre in olio bollente.

Je fais toujours frire dans de l'huile chaude.

Mélanger
Mescolare

Bisogna mescolare bene gli ingredienti quando si prepara l'impasto.

Il faut bien mélanger les ingrédients pour préparer la pâte.

Moudre
Macinare

Bisogna macinare il caffè prima di prepararlo.

Il faut moudre le café avant de le préparer.

Assiette
Piatto

Il piatto serve per servire una cena gustosa.

Une assiette est utilisée pour servir un bon dîner.

Couteau
Coltello

Il coltello serve per tagliare la carne e le verdure.

Un couteau est nécessaire pour couper la viande et les légumes.

Cuillère
Cucchiaio

Un cucchiaio è utile per mangiare la zuppa.

Une cuillère est utile pour manger de la soupe.

Fourchette
Forchetta

Uso una forchetta per mangiare gli spaghetti.

J'utilise une fourchette pour manger des spaghettis.

Marmite
Pentola

Nella pentola faccio bollire il brodo.

Je fais bouillir le bouillon dans la marmite.

Planche À Découper
Tagliere

Uso il tagliere per preparare le verdure per l'insalata.

J'utilise la planche à découper pour préparer les légumes pour la salade

Poêle
Padella

Nella padella friggo le uova per la colazione.

Dans la poêle, je fais frire les oeufs pour le petit déjeuner.

Moyens De Transport

Avion

Aereo

L'aereo è atterrato con 10 minuti di ritardo.

L'avion a atterri avec 10 minutes de retard.

Bateau

Nave

Questa nave può trasportare fino a 5.000 container.

Ce bateau peut transporter jusqu'à 5 000 conteneurs.

Bus

Autobus

Prendo l'autobus per andare al lavoro tutti i giorni.

Je prends le bus tous les jours pour aller travailler.

Train

Treno

Il treno è spesso usato per i viaggi interurbani.

Le train est souvent utilisé pour les déplacements interurbains.

Tram

Tram

Questo tram passa ogni 15 minuti.

Ce tramway passe toutes les 15 minutes.

Vélo

Bicicletta

Per le brevi distanze uso spesso la bicicletta.

Pour les courtes distances, j'utilise souvent mon vélo.

Voiture

Auto

Vado al negozio in auto.

Je vais au magasin en voiture.

Sport

Basket-Ball

Basket

Il basket è un gioco di squadra.

Le basket-ball est un jeu d'équipe.

Course À Pied

Corsa

Correre aiuta a migliorare la forma fisica.

La course à pied permet d'améliorer la condition physique.

Échecs

Scacchi

Gli scacchi sono un gioco di strategia che sviluppa le capacità di pensiero logico.

Les échecs sont un jeu de stratégie qui développe la pensée logique.

Football

Calcio

Il calcio è lo sport più popolare al mondo.

Le football est le sport le plus populaire au monde.

Handball

Pallamano

La pallamano richiede reazioni rapide.

Le handball exige des réactions rapides.

Natation

Nuoto

Il nuoto è un ottimo modo per migliorare la forma fisica.

La natation est un excellent moyen d'améliorer sa condition physique.

Ski

Sci

In inverno scio in montagna.

En hiver, je fais du ski en montagne.

Tennis

Tennis

Quando ero giovane, giocavo a tennis.

Quand j'étais jeune, je jouais au tennis.

Volley

Pallavolo

La pallavolo è un popolare gioco di squadra e da spiaggia.

Le volley-ball est un sport de plage et d'équipe très populaire.

Arbitre

Arbitro

L'arbitro deve mantenere imparzialità e obiettività durante la partita.

L'arbitre doit rester impartial et objectif pendant le match.

Entraîneur

Allenatore

L'allenatore lavora con la squadra sulle tattiche e sulla forma fisica dei giocatori.

L'entraîneur travaille avec l'équipe sur la tactique et la condition physique des joueurs.

Joueur

Giocatore

È un giocatore di una nota società sportiva.

C'est un joueur d'un club sportif très connu.

Gagner

Vincere

La nostra squadra ha vinto la partita per 3 a 0.

Notre équipe a gagné le match 3 à 0.

Perdre

Perdere

La squadra avversaria ha perso la partita per due a uno.

L'équipe adverse a perdu le match deux à un.

Club Sportif

Club Sportivo

Nel club sportivo ci si può allenare per molti sport diversi.

Dans le club sportif, on peut s'entraîner à de nombreux sports différents.

Patinoire

Pista Di Pattinaggio

Nella pista di pattinaggio è possibile pattinare.

On peut patiner à la patinoire.

Piscine

Piscina

Nei giorni d'estate mi piace nuotare in piscina per rinfrescarmi.

Les jours d'été, j'aime nager dans la piscine pour me rafraîchir.

Salle De Sport

Palestra

Il lunedì pomeriggio vado in palestra.

Je vais à la salle de sport le lundi après-midi.

Stade

Stadio

Lo stadio ospita grandi eventi sportivi e concerti.

Le stade accueille de grands événements sportifs et des concerts.

Tapis Roulant

Tapis Roulant

Sul tapis roulant dello stadio si organizzano corse.

Sur le tapis roulant du stade, on organise des courses.

Culture

Chanson

Canzone

Qual è la tua canzone preferita?

Quelle est votre chanson préférée ?

Conte De Fées

Fiaba

Da bambino guardavo molte fiabe.

Enfant, je regardais beaucoup de contes de fées.

Épisode

Episodio

Ho guardato tutti gli episodi della mia serie TV preferita.

J'ai regardé tous les épisodes de ma série télévisée préférée.

Film
Film

Qual è il tuo film preferito?

Quel est votre film préféré ?

Histoire Courte
Racconto

Questo è un racconto interessante.

C'est une histoire courte intéressante.

Livre
Libro

Il mio libro preferito è "Don Chisciotte".

Mon livre préféré est "Don Quichotte".

Musique
Musica

Che tipo di musica ascolta?

Quel genre de musique écoutez-vous ?

Roman Policier
Romanzo Poliziesco

Mi piace leggere i romanzi polizieschi.

J'aime lire des romans policiers.

Série
Serie

Quale serie stai guardando in questo momento?

Quelle série regardez-vous en ce moment ?

Instruments De Musique

Flûte
Flauto

Avevo lezioni di flauto a scuola.

J'avais des cours de flûte à l'école.

Guitare
Chitarra

Voglio imparare a suonare la chitarra.

Je veux apprendre à jouer de la guitare.

Piano
Pianoforte

Lei sa suonare il pianoforte.

Elle sait jouer du piano.

Violon
Violino

Il violino è uno strumento musicale.

Le violon est un instrument de musique.

Vêtements Et Apparence

Chandail
Felpa/Maglione
Camisola

Par temps froid, je porte un sweat-shirt chaud.

Chapeau
Cappello
Indosso un cappello quando fa freddo.

Je porte un chapeau quand il fait froid.

Chaussettes
Calzini
Questi calzini sono troppo grandi.

Ces chaussettes sont trop grandes.

Chaussures
Scarpe
Le mie scarpe sono comode.

Mes chaussures sont confortables.

Chemise
Camicia
Ti sta bene una camicia a quadri.

Une chemise à carreaux vous va bien.

Costume

Abito
Al lavoro devo indossare un abito elegante.

Je dois porter un costume élégant au travail.

Cravate
Cravatta
Ti piace indossare la cravatta?

Aimes-tu porter une cravate ?

Culotte
Mutande
Ho comprato queste mutande in promozione.

J'ai acheté cette culotte en promotion.

Écharpe
Sciarpa
Indossa una sciarpa. Fa freddo!

Portez une écharpe. Il fait froid !

Gants
Guanti
Indosso i guanti in inverno.

Je porte des gants en hiver.

Jupe
Gonna
Questa gonna è troppo piccola.

Cette jupe est trop petite.

Pantalon

Pantaloni

Questi pantaloni sono troppo lunghi.

Ce pantalon est trop long.

Robe

Vestito

Indosso un bel vestito in estate.

Je porte une belle robe en été.

Soutien-Gorge

Reggiseno

Il reggiseno è un importante capo di biancheria intima femminile.

Le soutien-gorge est un sous-vêtement important pour les femmes.

Veste

Giacca

Voglio comprare una giacca rossa.

Je veux acheter une veste rouge.

Boucles D'Oreilles

Orecchini

Le ha comprato degli orecchini.

Il lui a acheté des boucles d'oreilles.

Collier

Collana

Le ha regalato una collana.

Il lui a offert un collier.

Lentilles

Lenti

Lei porta le lenti.

Elle porte des lentilles.

Lunettes

Occhiali

Lui porta gli occhiali.

Il porte des lunettes.

Carte D'Identité

Carta D'Identità

Alla cassa ho dovuto mostrare la mia carta d'identità per comprare alcolici.

A la caisse, j'ai dû montrer ma carte d'identité pour acheter de l'alcool.

Ceinture

Cintura

La mia cintura è nera e di pelle.

Ma ceinture est noire et en cuir.

Clé

Chiave

Hai una chiave per aprire la porta?

As-tu une clé pour ouvrir la porte ?

Montre

Orologio

Non porto l'orologio perché ho il cellulare.

Je ne porte pas de montre car j'ai un téléphone portable.

Parapluie
Ombrello

Quando ha iniziato a piovere, ho tirato fuori l'ombrello.

Quand il a commencé à pleuvoir, j'ai sorti mon parapluie.

Passeport
Passaporto

Il mio passaporto è valido fino al prossimo dicembre.

Mon passeport est valable jusqu'en décembre prochain.

Portefeuille
Portafoglio

Nel portafoglio porto le mie carte di pagamento.

Je mets mes cartes de paiement dans mon portefeuille.

Sac À Dos
Zaino

Porto i miei libri a scuola nello zaino.

Je transporte mes livres à l'école dans mon sac à dos.

Sac À Main
Borsetta

Dove hai comprato questa borsetta?

Où as-tu acheté ce sac à main ?

Valise
Valigia

Il limite di peso per una valigia in aereo è di 20 kg.

La limite de poids d'une valise dans l'avion est de 20 kilos.

Barbe
Barba

Porta la barba.

Il porte la barbe.

Maquillage
Trucco

Si trucca ogni mattina.

Elle se maquille tous les matins.

Moustache
Baffi

Ha i baffi.

Il a une moustache.

Tatouage
Tatuaggio

Ha un tatuaggio sul braccio sinistro.

Elle a un tatouage sur le bras gauche.

Parties Du Corps

Cheveux
Capelli

Ha i capelli scuri.

Elle a les cheveux noirs.

Cou
Collo

Quando indosso una sciarpa, mi assicuro sempre che il collo sia ben coperto.

Quand je porte une écharpe, je m'assure toujours que mon cou est bien couvert.

Coude
Gomito

Mi fa male il gomito dopo una lunga giornata al computer.

J'ai mal au coude après une longue journée à l'ordinateur.

Dents
Denti

Ti sei lavata i denti al mattino?

Est-ce que tu t'es brossé les dents le matin ?

Doigt
Dito

Mi sono rotto l'indice durante una caduta sui pattini a rotelle.

Je me suis cassé l'index lors d'une chute en patins à roulettes.

Dos
Schiena

Ho un tatuaggio sulla schiena.

J'ai un tatouage dans le dos.

Estomac
Stomaco

Mi fa male lo stomaco dopo aver mangiato molti dolci.

J'ai mal à l'estomac après avoir mangé beaucoup de gâteaux.

Front
Fronte

Avevo il sudore sulla fronte dopo l'allenamento.

J'avais de la sueur sur le front après l'entraînement.

Genou
Ginocchio

Il ginocchio mi fa male dopo una caduta in bicicletta.

Mon genou est douloureux après une chute à vélo.

Jambe
Gamba

Mentre correvo sono inciampato e mi sono fatto male alla gamba.

En courant, j'ai trébuché et je me suis fait mal à la jambe.

Langue
Lingua

La lingua ci aiuta a sentire il sapore del cibo.

La langue nous aide à sentir le goût des aliments.

Lèvres
Labbro

Usa il rossetto sulle labbra.

Elle met du rouge à lèvres sur ses lèvres.

Main
Mano

Alzo la mano se voglio dire qualcosa.

Lève la main si tu veux dire quelque chose.

Nez
Naso

Respira dal naso!

Je respire par le nez !

Œil
Occhio

I miei occhi sono sensibili alla luce del sole.

Mes yeux sont sensibles à la lumière du soleil.

Oreille
Orecchio

Porta gli orecchini alle orecchie.

Elle porte des boucles d'oreilles.

Pied
Piede

Il mio piede è spesso dolorante dopo una lunga camminata.

Mon pied est souvent douloureux après une longue marche.

Sang
Sangue

Faccio regolarmente le analisi del sangue.

Je fais régulièrement des analyses de sang.

Tête
Testa

Ho mal di testa.

J'ai mal à la tête.

Maladies

Allergie
Allergia

La mia allergia al polline è particolarmente fastidiosa in primavera.

Mon allergie au pollen est particulièrement gênante au printemps.

Cassé
Rotto

Dopo essermi rotto la gamba, ho dovuto portare il gesso per diverse settimane.

Après m'être cassé la jambe, j'ai dû porter un plâtre pendant plusieurs semaines.

Frissons

Brividi

I brividi sono un sintomo comune della febbre.

Les frissons sont un symptôme courant de la fièvre.

Grippe
Influenza

L'influenza è una malattia più grave di un semplice raffreddore.

La grippe est une maladie plus grave qu'un simple rhume.

Nez Qui Coule
Naso Che Cola

Un naso che cola mi fa sentire a disagio.

Un nez qui coule me rend inconfortable.

Rhume
Raffreddore

Un raffreddore provoca spesso debolezza e febbre.

Un rhume provoque souvent de la faiblesse et de la fièvre.

Toux
Tosse

La tosse è uno dei sintomi di un raffreddore.

La toux est l'un des symptômes d'un rhume.

Animaux Et Plantes

Abeille
Ape

Le api aiutano a impollinare i fiori.

Les abeilles aident à polliniser les fleurs.

Chat
Gatto

I gatti sono pigri.

Les chats sont paresseux.

Cheval
Cavallo

Una volta sognavo di cavalcare un cavallo.

Je rêvais autrefois de monter à cheval.

Chien
Cane

Porto a spasso il mio cane ogni mattina.

Je promène mon chien tous les matins.

Éléphant
Elefante

Un elefante è un animale terrestre

Un éléphant est un animal terrestre

Fourmi
Formica

Le formiche lavorano insieme per raccogliere il cibo.

Les fourmis travaillent ensemble pour ramasser de la nourriture.

Girafe
Giraffa
Una giraffa è alta.
Une girafe est grande.

Lion
Leone
Un leone è un predatore potente.
Un lion est un prédateur puissant.

Mouche
Mosca
Le mosche possono essere fastidiose in cucina.
Les mouches peuvent être ennuyeuses dans la cuisine.

Moustique
Zanzara
Le zanzare pungono le persone nelle giornate calde.
Les moustiques piquent les gens les jours chauds.

Ours
Orso
Gli orsi sono pericolosi.
Les ours sont dangereux.

Poisson
Pesce

I pesci vivono nell'acqua, non sulla terra.
Les poissons vivent dans l'eau, pas sur la terre.

Singe
Scimmia
Ho visto scimmie allo zoo.
J'ai vu des singes au zoo.

Souris
Topo
I topi mangiano formaggio.
Les souris mangent du fromage.

Tigre
Tigre
Le tigri sono pericolose.
Les tigres sont dangereux.

Tortue
Tartaruga
Le tartarughe sono lente.
Les tortues sont lentes.

Arbre
Albero
Questo albero va abbattuto.
Cet arbre doit être coupé.

Fleur
Fiore

A mia ragazza piace ricevere fiori.

Ma copine aime recevoir des fleurs.

Paysage

Colline
Collina

Le colline offrono belle viste dei dintorni.

Les collines offrent de belles vues sur les environs.

Côte
Costa

La costa occidentale è spesso visitata dai turisti.

La côte ouest est souvent visitée par les touristes.

Forêt
Bosco

Il bosco è silenzioso.

La forêt est silencieuse.

Île
Isola

Quest'isola ha centomila abitanti.

Cette île a cent mille habitants.

Lac
Lago

Questo weekend andremo al lago a pescare.

Ce week-end, nous allons au lac pour pêcher.

Mer
Mare

La vista del mare al tramonto è indimenticabile.

La vue sur la mer au coucher du soleil est inoubliable.

Montagne
Montagna

Mi piace fare escursioni in montagna.

J'aime faire des randonnées en montagne.

Plage
Spiaggia

Non mi piace prendere il sole in spiaggia.

Je n'aime pas bronzer sur la plage.

Prairie
Prato

In primavera fioriscono fiori selvatici nel prato.

Au printemps, des fleurs sauvages fleurissent dans la prairie.

Rivage
Riva

Sull'altra riva del fiume c'è una spiaggia.

De l'autre côté de la rivière, il y a une plage.

Rivière

Fiume

Il fiume scorre attraverso valli pittoresche.

La rivière coule à travers des vallées pittoresques.

Sommet

Vetta

La vetta della montagna è l'obiettivo di molti scalatori.

Le sommet de la montagne est l'objectif de nombreux alpinistes.

Vague

Onda

Il mare può essere agitato, con onde grandi.

La mer peut être agitée, avec de grosses vagues.

Météo

Arc-En-Ciel

Arcobaleno

Dopo la pioggia è apparso un bell'arcobaleno nel cielo.

Après la pluie, un bel arc-en-ciel est apparu dans le ciel.

Nuages

Nuvole

Le nuvole nel cielo annunciavano la pioggia.

Les nuages dans le ciel annonçaient la pluie.

Soleil

Sole

Il sole splendeva luminoso nel cielo per tutto il giorno.

Le soleil brillait intensément dans le ciel toute la journée.

Chaud

Caldo

In estate nei tropici può essere estremamente caldo e umido.

En été dans les tropiques, il peut faire extrêmement chaud et humide.

Chaud

Caldo

Nei giorni caldi tutti cercano modi per rinfrescarsi.

Par temps chaud, tout le monde cherche des moyens de se rafraîchir.

Frais

Freddo

Oggi fa abbastanza freddo, quindi è meglio vestirsi caldamente.

Aujourd'hui, il fait assez frais, donc il vaut mieux s'habiller chaudement.

Froid

Freddo

Durante l'inverno fa davvero freddo, specialmente la sera.

Pendant l'hiver, il fait vraiment froid, surtout le soir.

Gelé
Gelido

Durante l'inverno, quando fa freddo, conviene indossare giacche e cappelli caldi.

Pendant l'hiver, quand il fait très froid, il vaut mieux porter des vestes et des bonnets chauds.

Humide
Umido

A luglio può essere molto umido nelle città.

En juillet, il peut faire très humide en ville.

Pluvieux
Piovoso

Ieri è stato un giorno piovoso.

Hier était une journée pluvieuse.

Venteux
Ventoso

Oggi c'è vento, quindi gli alberi si piegano sotto l'influenza del vento.

Aujourd'hui, il y a du vent, donc les arbres s'inclinent sous l'influence du vent.

Brouillard
Nebbia

Al mattino, si poteva vedere dalla finestra una fitta nebbia che ostacolava la visibilità.

Le matin, on pouvait voir depuis la fenêtre un épais brouillard qui gênait la visibilité.

Gel
Gelata

Il gelo in inverno richiede di vestirsi caldamente.

Le gel en hiver nécessite de s'habiller chaudement.

Neige
Neve

Ieri sono caduti cinque centimetri di neve.

Hier, il est tombé cinq centimètres de neige.

Nuage
Nuvola

Una nuvola scura è apparsa nel cielo, annunciando l'arrivo della pioggia.

Un nuage sombre est apparu dans le ciel, annonçant la pluie imminente.

Pluie
Pioggia

Ha piovuto per tutta la notte.

Il a plu toute la nuit.

Tempête
Tempesta

La tempesta ha attraversato la città e ha portato intense piogge.

La tempête a traversé la ville et a apporté des pluies abondantes.

Vent
Vento

Forti venti soffiavano sul mare.

Des vents forts soufflaient sur la mer.

Catastrophes Naturelles

Avalanche
Valanga

In regioni montuose c'è il rischio di valanghe.

Dans les régions montagneuses, il y a un risque d'avalanches.

Éruption Volcanique
Eruzione Vulcanica

L'eruzione vulcanica è durata tre giorni.

L'éruption volcanique a duré trois jours.

Feu
Fuoco

L'incendio boschivo è stato spento.

L'incendie de forêt a été éteint.

Inondation
Inondazione

L'inondazione ha sommerso molte zone.

L'inondation a submergé de nombreuses zones.

Ouragan
Uragano

L'uragano ha distrutto molti edifici e alberi.

L'ouragan a détruit de nombreux bâtiments et arbres.

Sécheresse
Siccità

La siccità ha causato scarse rese per gli agricoltori.

La sécheresse a fait que les agriculteurs ont eu de faibles rendements.

Tornade
Tornado

Il tornado ha causato molti danni.

La tornade a causé beaucoup de dégâts.

Tremblement De Terre
Terremoto

Il terremoto ha danneggiato la strada principale della città.

Le tremblement de terre a endommagé la route principale de la ville.

Politique Et Société

Accusé

Imputato

L'imputato di frode finanziaria è in attesa di processo.

L'accusé de fraude financière attend son procès.

Action En Justice

Querela

Una querela è un passo verso la risoluzione di una disputa.

Une action en justice est une étape vers la résolution d'un litige.

Allié

Alleato

Un alleato fornisce supporto nei momenti difficili.

Un allié apporte un soutien dans les moments difficiles.

Ambassade

Ambasciata

Un diplomatico lavora presso l'ambasciata.

Un diplomate travaille à l'ambassade.

Amende

Multa

Il conducente ha ricevuto una multa per eccesso di velocità.

Le conducteur a reçu une amende pour excès de vitesse.

Armistice

Armistizio

L'armistizio di guerra ha messo fine ai combattimenti tra due paesi.

L'armistice a mis fin aux combats entre deux pays en guerre.

Arrestation

Arresto

Il ladro arrestato è stato portato in prigione.

Le voleur arrêté a été conduit en prison.

Attaque

Attacco

L'attacco al presidente è stato un atto terroristico.

L'attaque contre le président était un acte terroriste.

Braquage

Rapina

La rapina in banca è stata ampiamente commentata nei media.

Le braquage de la banque a été largement commenté dans les médias.

Citoyenneté

Cittadinanza

La cittadinanza comporta diritti e responsabilità.

La citoyenneté entraîne des droits et des responsabilités.

Coalition
Coalizione

Una coalizione di due partiti politici ha ottenuto la maggioranza in parlamento.

Une coalition de deux partis politiques a obtenu la majorité au parlement.

Contrebande
Contrabbando

Il contrabbando di droga è un problema globale.

La contrebande de drogue est un problème mondial.

Corruption
Corruzione

La corruzione nuoce alla società.

La corruption nuit à la société.

Coupable
Colpevole

Il colpevole sarà punito.

Le coupable sera puni.

Crime
Crimine

I crimini organizzati sono difficili da combattere.

Les crimes organisés sont difficiles à combattre.

Diffamation
Diffamazione

La diffamazione danneggia la reputazione.

La diffamation nuit à la réputation.

Élections
Elezioni

Le elezioni presidenziali si terranno tra due mesi.

Les élections présidentielles auront lieu dans deux mois.

Empereur
Imperatore

L'imperatore governava nell'antico impero.

L'empereur régnait dans l'ancien empire.

Ennemi
Nemico

Il nemico ha attaccato il nostro paese, richiedendo la mobilitazione militare.

L'ennemi a attaqué notre pays, nécessitant une mobilisation militaire.

Fraude
Frode

La frode finanziaria è un crimine economico.

La fraude financière est un crime économique.

Gouvernement
Governo

Il governo ha introdotto nuove normative fiscali.

Le gouvernement a introduit de nouvelles réglementations fiscales.

Guerre

Guerra

La guerra in Ucraina ha causato molte sofferenze e ha devastato molte aree del paese.

La guerre en Ukraine a causé beaucoup de souffrances et a dévasté de nombreuses zones du pays.

Innocent

Innocente

Si è scoperto che lui era innocente.

Il s'est avéré qu'il était innocent.

Loi

Legge

Questa legge mira a proteggere i diritti umani.

Cette loi vise à protéger les droits de l'homme.

Maire

Sindaco

Il sindaco della città ha inaugurato un nuovo parco giochi per bambini.

Le maire de la ville a inauguré une nouvelle aire de jeux pour les enfants.

Parti Politique

Partito Politico

Il partito politico ha promesso riforme nel sistema sanitario.

Le parti politique a promis des réformes dans le système de santé.

Pot-De-Vin

Corruzione

La corruzione è un crimine.

Le pot-de-vin est un crime.

Président

Presidente

Il presidente ha firmato una nuova legge.

Le président a signé une nouvelle loi.

Prison

Prigione

La prigione è un luogo per scontare le pene per i crimini.

La prison est un lieu pour purger des peines pour des crimes.

Roi

Re

Il re indossava una corona.

Le roi portait une couronne.

Sentence

Sentenza

La sentenza del tribunale è stata pronunciata e l'imputato deve pagare una multa.

Le verdict a été prononcé, et l'accusé doit payer une amende.

Témoin
Testimone
Il testimone ha testimoniato a favore dell'imputato durante il processo.

Le témoin a témoigné en faveur de l'accusé lors du procès.

Trahison
Tradimento
Il tradimento è un crimine grave.

La trahison est un crime grave.

Traité
Trattato
Il trattato di pace ha messo fine al conflitto tra due paesi.

Le traité de paix a mis fin au conflit entre deux pays.

Victime
Vittima
Una vittima di violenza ha bisogno di sostegno.

Une victime de violence a besoin de soutien.

Vol
Furto
Il furto è un crimine.

Le vol est un crime.

Émotions

Amour
Amore
L'amore è il sentimento più bello che si possa provare.

L'amour est le sentiment le plus beau que l'on puisse éprouver.

Bonheur
Felicità
La felicità si può trovare nei piccoli momenti quotidiani.

Le bonheur peut se trouver dans de petits moments du quotidien.

Colère
Rabbia
La rabbia non porta sempre alla soluzione dei problemi.

La colère ne mène pas toujours à la résolution des problèmes.

Compassion
Compassione
La compassione verso coloro che ne hanno bisogno è un segno di buona natura.

La compassion envers ceux dans le besoin est un signe de bonté.

Curiosité
Curiosità
La curiosità aiuta a scoprire nuove cose.

La curiosité aide à découvrir de nouvelles choses.

Déception
Delusione
È stata una delusione per me non ottenere il lavoro dei miei sogni.

C'était une déception pour moi de ne pas obtenir mon emploi de rêve.

Espoir
Speranza
La speranza ci dà la forza per superare le difficoltà.

L'espoir nous donne la force de surmonter les difficultés.

Haine
Odio
L'odio non porta a nulla di buono.

La haine n'apporte rien de bon.

Honnêteté
Onestà
L'onestà è un valore che dovremmo coltivare.

L'honnêteté est une valeur que nous devrions cultiver.

Honte
Vergogna
Dopo il suo commento alla riunione, ho provato una profonda vergogna.

Après son commentaire lors de la réunion, j'ai ressenti une profonde honte.

Humilité
Umiltà
L'umiltà è una caratteristica delle persone grandi.

L'humilité est une caractéristique des grandes personnes.

Joie
Gioia
La gioia di fronte al successo è insostituibile.

La joie face au succès est irremplaçable.

Peur
Paura
Di fronte al pericolo, le persone spesso provano una forte paura.

Face au danger, les gens ressentent souvent une peur intense.

Reconnaissance
Riconoscenza
La riconoscenza per il sostegno degli altri è importante.

La reconnaissance pour le soutien des autres est importante.

Souffrance
Sofferenza

La sofferenza delle persone durante le guerre è tragica e ingiusta.

La souffrance des gens pendant les guerres est tragique et injuste.

Tristesse
Tristezza

La tristezza dopo la perdita di una persona cara è naturale.

La tristesse après la perte d'un être cher est naturelle.

Autres Noms Importants

Accès
Accesso

Al giorno d'oggi, Internet consente di accedere facilmente a una grande quantità di informazioni.

De nos jours, l'internet permet d'accéder facilement à une multitude d'informations.

Achat
Acquisto

Questo acquisto si è rivelato un ottimo investimento.

Cet achat s'est avéré être un excellent investissement.

Âge
Età

L'età non deve essere un ostacolo alla realizzazione dei propri sogni.

Votre âge ne doit pas être un obstacle à la réalisation de vos rêves.

Analyse
Analisi

L'analisi di mercato ha aiutato l'azienda a capire le preferenze dei clienti.

L'analyse de marché a aidé l'entreprise à comprendre les préférences des clients.

Appareil
Dispositivo

Questo dispositivo è necessario per eseguire questo compito.

Cet appareil est nécessaire pour effectuer cette tâche.

Article
Articolo

Questo articolo contiene informazioni preziose su uno stile di vita sano.

Cet article contient des informations précieuses sur un mode de vie sain.

Autorité
Autorità

L'autorità di governo deve agire nell'interesse dei cittadini.

L'autorité dirigeante doit agir dans l'intérêt des citoyens.

Besoin
Bisogno
Ha bisogno di essere ascoltato.

Il a besoin d'être écouté.

Bruit
Rumore
Il rumore forte nella zona rendeva difficile concentrarsi sul lavoro.

Le bruit fort dans la région rendait difficile ma concentration au travail.

Capitale
Capitale
Parigi è la capitale della Francia.

Paris est la capitale de la France.

Cause
Causa
La causa del malfunzionamento è stata determinata dagli specialisti.

La cause de la panne a été déterminée par des spécialistes.

Changement
Cambiamento
Introdurre un cambiamento in un'organizzazione può migliorarne l'efficienza.

Introduire des changements dans une organisation peut améliorer son efficacité.

Choix
Scelta

Scegliere tra i due modelli è difficile, entrambi hanno i loro vantaggi.

Il est difficile de choisir entre les deux modèles, chacun ayant ses avantages.

Chose
Cosa
Cos'è la cosa?

Qu'est-ce que la chose ?

Citoyen
Cittadino
Ogni cittadino ha certi diritti e doveri nel proprio paese.

Chaque citoyen a certains droits e devoirs dans son pays.

Colis
Pacchetto
Ho ricevuto un pacchetto con prodotti che ho ordinato.

J'ai reçu un colis contenant le produits que j'avais commandés.

Communauté
Comunità
La comunità locale ha organizzato una raccolta di fondi pe beneficenza.

La communauté locale a organis une collecte de fonds pour un œuvre de charité.

Comparaison

Confronto

Il confronto tra due prodotti permette di capire quale sia il migliore.

Comparer deux produits permet de comprendre lequel est le meilleur.

Compétence
Abilità

Le abilità interpersonali sono fondamentali negli affari.

Il est essentiel d'avoir des compétences interpersonnelles dans le monde des affaires.

Comportement
Comportamento

Un buon comportamento è importante nella vita sociale.

Un bon comportement est important dans la vie sociale.

Conflit
Conflitto

Risolvere un conflitto richiede comunicazione e comprensione.

Résoudre un conflit nécessite communication et compréhension.

Contenu
Contenuto

Il contenuto della presentazione è affascinante e cattura l'attenzione del pubblico.

Le contenu de cette présentation est fascinant et capte l'attention du public.

Contrat
Contratto

Leggere tutti i termini e le condizioni prima di firmare il contratto.

Lisez tous les termes et conditions avant de signer le contrat.

Contrôle
Controllo

È importante mantenere il controllo nei momenti difficili.

Il est important de maintenir le contrôle dans les moments difficiles.

Crise
Crisi

Una crisi economica può influenzare la vita di molte persone.

Une crise économique peut avoir des conséquences sur la vie de nombreuses personnes.

Début
Inizio

L'inizio dell'anno scolastico è il momento in cui gli studenti tornano a scuola.

Le début de l'année scolaire est un moment où les étudiants retournent à l'école.

Décision

Decisione

Per prendere una buona decisione è necessario analizzare le informazioni disponibili.

Pour prendre une bonne décision, il faut analyser les informations disponibles.

Différence

Differenza

La differenza tra questi due prodotti risiede nella qualità dei materiali.

La différence entre ces deux produits réside dans la qualité des matériaux.

Difficulté

Difficoltà

Ha incontrato molte difficoltà nella vita.

Il a rencontré de nombreuses difficultés dans sa vie.

Doute

Dubbio

Ho dei dubbi sulla compatibilità dei due rapporti.

J'ai des doutes sur la compatibilité des deux rapports.

Éducation

Istruzione

L'istruzione è la chiave dello sviluppo personale.

L'éducation est la clé du développement personnel.

Effet

Effetto

L'inquinamento atmosferico ha effetti negativi sulla salute.

La pollution de l'air a des effets négatifs sur la santé.

Entreprise

Azienda

Questa azienda è specializzata nella produzione di elettronica.

Cette entreprise est spécialisée dans la production d'électronique.

Étape

Passo

Il primo passo verso il successo è la comprensione del problema.

La première étape pour réussir est de comprendre le problème.

État

Stato

La Cina è lo stato più popoloso del mondo.

La Chine est l'état le plus peuplé du monde.

Être Humain

Essere Umano

L'essere umano ha la capacità di pensare e comprendere il mondo.

L'être humain a la capacité de penser et de comprendre le monde.

Expérience
Esperienza
L'esperienza lavorativa è preziosa per costruire una carriera.

L'expérience professionnelle est précieuse pour construire une carrière.

Explication
Spiegazione
Si prega di spiegare il principio di questo dispositivo.

Expliquez le principe de cet appareil.

Faiblesse
Debolezza
La mia debolezza è la mancanza di perseveranza nei progetti a lungo termine.

Ma faiblesse est mon manque de persévérance dans les projets à long terme.

Fête
Festa
La festa di compleanno con gli amici è stata indimenticabile.

La fête d'anniversaire avec des amis était inoubliable.

Fin
Fine

La fine dell'anno scolastico si avvicina.

La fin de l'année scolaire approche.

Force
Forza
L'esercizio fisico aiuta a rafforzare la forza muscolare.

L'exercice physique permet de renforcer la force musculaire.

Frais
Tariffa
La tariffa per l'uso del parcheggio è piuttosto alta.

Les frais de stationnement sont assez élevés.

Impression
Impressione
Fa una buona impressione.

Il fait bonne impression.

Influence
Influenza
Ha agito sotto l'influenza delle emozioni.

Il a agi sous le coup de l'émotion.

Jeu
Gioco
A lui piace giocare ai giochi.

Il aime jouer à des jeux.

Lumière

Luce

Accendi la luce!

Allumez la lumière !

Méthode

Metodo

Vale la pena di provare diversi metodi di apprendimento per trovare quello più adatto.

Il vaut la peine d'essayer différentes méthodes d'apprentissage pour trouver celle qui convient le

Moitié

Metà

La metà dei dipendenti ha preso le ferie oggi.

La moitié des employés a pris congé aujourd'hui.

Moment

Momento

Un momento di riflessione può portare chiarezza in una situazione difficile.

Un moment de réflexion peut apporter de la clarté dans une situation difficile.

Monde

Mondo

È uno dei luoghi più belli del mondo!

C'est l'un des plus beaux endroits du monde !

Moyen

Modo

Ci sono molti modi per risolvere questo problema.

Il y a plusieurs façons de résoudre ce problème.

Nom

Nome

Il nome dell'azienda deve essere unico e facile da ricordare.

Le nom de l'entreprise doit être unique et facile à retenir.

Nouvelles

Eventi

Guardo il telegiornale ogni giorno per tenermi aggiornato sugli eventi.

Je regarde les nouvelles tous les jours pour me tenir au courant des événements.

Opportunité

Opportunità

Un nuovo lavoro mi offre l'opportunità di sviluppo professionale.

Un nouveau travail me donne l'opportunité de développement professionnel.

Order

Ordine

Cerco sempre di mantenere ordine nella mia stanza.

J'essaie toujours d'avoir de l'ordre dans ma chambre.

Ordre
Ordine

Mettere questi documenti nel giusto ordine.

Mettez ces documents dans le bon ordre.

Page
Pagina

Leggere questa pagina del libro per approfondire l'argomento.

Lisez cette page du livre pour en savoir plus sur ce sujet.

Pays
Paese

Questo è un paese altamente sviluppato.

C'est un pays très développé.

Personne
Persona

Ogni persona ha i propri sogni e obiettivi di vita.

Chaque personne a ses propres rêves et objectifs de vie.

Population
Popolazione

La popolazione della città cresce costantemente a causa delle migrazioni.

La population de la ville ne cesse de croître en raison des migrations.

Principe
Principio

Il principio più importante è la puntualità.

Le principe le plus important est d'être ponctuel.

Prix
Prezzo

Il prezzo del prodotto è troppo alto.

Le prix du produit est trop élevé.

Problème
Problema

Risolvere questo problema potrebbe essere difficile, ma non impossibile.

Résoudre ce problème peut être difficile, mais pas impossible.

Qualité
Qualità

La qualità di questo prodotto non è alta.

La qualité de ce produit n'est pas élevée.

Quantité
Quantità

La quantità ordinata era molto più alta del previsto.

La quantité commandée était beaucoup plus importante que prévu.

Recherche
Ricerca
La ricerca scientifica ha confermato una nuova teoria.

La recherche scientifique a confirmé une nouvelle théorie.

Réponse
Risposta
Sto aspettando la tua risposta alla mia domanda.

J'attends ta réponse à ma question.

Repos
Riposo
Dopo una settimana intensa di lavoro, il fine settimana è il momento per un meritato riposo.

Après une semaine de travail intense, le week-end est un moment de repos bien mérité.

Résultat
Risultato
Dopo aver lavorato duramente, ho ottenuto risultati positivi nello studio.

Après avoir travaillé dur, j'ai obtenu des résultats positifs dans mes études.

Risque
Rischio

Investire in azioni comporta un certo livello di rischio.

Investir dans des actions comporte un certain degré de risque.

Silence
Silenzio
Il silenzio nel bosco è a volte interrotto dal canto degli uccelli.

Le silence dans la forêt est parfois interrompu par le chant des oiseaux.

Situation
Situazione
L'attuale situazione economica può influenzare i nostri investimenti.

La situation économique actuelle peut affecter nos investissements.

Souhaite
Desidero
Quali desideri hai per il nuovo anno?

Quels sont vos souhaits pour la nouvelle année ?

Source
Fonte
Vale la pena di verificare la credibilità di una fonte di informazioni prima di utilizzarla.

Il vaut la peine de vérifier la crédibilité d'une source d'information avant de l'utiliser.

Sujet

Argomento

La scelta dell'argomento giusto per il saggio è importante per la qualità del lavoro.

Le choix du sujet de la rédaction est important pour la qualité du travail.

Télévision
Televisione

La sera mi piace guardare la televisione e rilassarmi.

Le soir, j'aime regarder la télévision et me détendre.

Temps
Tempo

Il tempo è la risorsa più preziosa che abbiamo.

Le temps est la ressource la plus précieuse que nous ayons.

Texte
Testo

Questo testo contiene informazioni importanti sulla storia della regione.

Ce texte contient des informations importantes sur l'histoire de la région.

Tranquillité D'Esprit
Pace Mentale

Una passeggiata nel bosco mi dà pace e tranquillità dopo una giornata stressante.

Une promenade dans les bois me donne la paix et la tranquillité après une journée stressante.

Université
Università

Studiare all'università può aprire molte porte in futuro.

Étudier à l'université peut ouvrir de nombreuses portes pour l'avenir.

Utilisateur
Utente

L'applicazione è progettata per utenti di diverse fasce d'età.

L'application est conçue pour des utilisateurs de différents groupes d'âge.

Vie
Vita

Ogni persona ha il diritto di vivere con dignità.

Toute personne a le droit de vivre dans la dignité.

Voyage
Viaggio

Stiamo organizzando un viaggio in Brasile.

Nous prévoyons un voyage au Brésil.

Printed in France by Amazon
Brétigny-sur-Orge, FR

17773294R00067